La historia azteca

Una guía fascinante sobre el imperio azteca, la mitología y la civilización

© **Derechos de autor 2019**

Todos los derechos reservados. Este libro no puede ser reproducido de ninguna forma sin el permiso escrito del autor. Críticos pueden mencionar pasajes breves durante las revisiones.

Descargo: Esta publicación no puede ser reproducida ni transmitida de ninguna manera por ningún medio, mecánico o electrónico, incluyendo fotocopiado o grabación, o por cualquier sistema de almacenamiento o recuperación, o compartido por correo electrónico sin el permiso escrito del editor.

Aunque se han realizado todos los intentos por verificar la información proporcionada en esta publicación, ni el autor ni el editor asumen responsabilidades por errores, omisiones o interpretaciones contrarias con respecto al tema tratado aquí.

Este libro es solo para fines de entretenimiento. Las opiniones expresadas son solo del autor y no deben tomarse como instrucciones de expertos. El lector es responsable de sus propias acciones.

La adherencia a todas las leyes y normativas aplicables, incluidas las leyes internacionales, federales, estatales y locales que rigen las licencias profesionales, las prácticas comerciales, la publicidad y todos los demás aspectos de la actividad comercial en EE. UU., Canadá, Reino Unido o cualquier otra jurisdicción es responsabilidad exclusiva del comprador o lector

Ni el autor ni el editor asumen responsabilidad alguna en nombre del comprador o lector de estos materiales. Cualquier parecido con cualquier individuo u organización es pura coincidencia.

Tabla de contenido

INTRODUCCIÓN 1

CAPÍTULO 1: ¿DÓNDE VIVÍAN LOS AZTECAS? 4

CAPÍTULO 2 – ¿QUIÉNES ERAN LOS AZTECAS? 7

CAPÍTULO 3 – EL GOBIERNO, CIUDADES-ESTADO Y LA EXPANSIÓN 12

CAPÍTULO 4 – LA LLEGADA DE LOS ESPAÑOLES Y LA DECADENCIA DEL IMPERIO 19

CAPÍTULO 5 - UN DÍA EN LA VIDA DE UN CIUDADANO AZTECA 23

    EL SOBERANO, LOS DIGNATARIOS Y LOS NOBLES 24

    EL SOBERANO 24

    LOS DIGNATARIOS 27

    NOBLES 29

    LOS PLEBEYOS 31

    LOS CAMPESINOS SIN TIERRA 37

    LOS ESCLAVOS 37

CAPÍTULO 6 – LA AGRICULTURA Y LA DIETA 42

CAPÍTULO 7 – LA RELIGIÓN 47

    LA CREACIÓN, LA VIDA, LA MUERTE Y LOS CUATRO SOLES 47

    SACRIFICIO HUMANO 50

    LOS DIOSES 53

    QUETZALCÓATL 54

Huitzilopochtli 55
Tlaloc 57
Chalchihutlicue 58
Coatlicue 59
El calendario 60
CAPÍTULO 8 - DEPORTES.. 64
CONCLUSIÓN... 66

Introducción

Durante muchos años, los aztecas han capturado nuestra imaginación. Las historias de los invasores europeos originales combinadas con ruinas y leyendas únicas e impresionantes que hablan de palacios de oro crean una imagen de la sociedad azteca definida por la grandeza, la riqueza y el esplendor. Pero, ¿Quiénes eran exactamente los aztecas? ¿De dónde vienen? ¿Cómo llegaron a controlar una extensión tan amplia de tierra? Y si eran tan poderosos, ¿Cómo es posible que cayeran del poder y la dominación solo tres años tras el primer contacto con los españoles?

Por suerte para nosotros, podemos responder a la mayoría de estas preguntas. Relatos históricos detallados de conquistadores españoles, documentos aztecas como el Codex Mendoza (una descripción detallada de los gobernantes aztecas, el sistema de tributos y la vida cotidiana en el imperio creado a mediados del siglo XV después de la conquista española y una gran cantidad de sitios arqueológicos) han hecho posible descubrir algunos de los secretos de esta antigua civilización.

Realmente, la vida diaria de un plebeyo azteca no era tan diferente de la vida de la gente común de hoy. Claro, la tecnología era mucho más primitiva y había una amenaza constante de destrucción completa y total a manos de uno de los muchos dioses aztecas. Pero aparte de esto, el ciudadano azteca promedio era responsable de trabajar sus tierras, pagar impuestos y mantener a sus familias. Cuando no estaban haciendo esto, o bien cumplían con su servicio militar obligatorio o quizás disfrutaban de un relajante juego de patolli con sus amigos.

Si bien la vida de un plebeyo en el imperio azteca parecía estar bien, estaba llena de trabajo e incertidumbre sobre el futuro. Pocos plebeyos aztecas podían disfrutar de bienes o servicios más allá de las necesidades básicas de la vida y la adoración. Los líderes aztecas, por otro lado, vivían una vida de lujos. Los sirvientes, las concubinas y los trabajadores estaban ligados a la nobleza, y esta vida de lujo ayudaba a emplear a la creciente población azteca.

En general, el Imperio azteca, o el Imperio de la Triple Alianza, crecería tanto en tamaño como en población para ser uno de los más grandes del mundo antiguo. Fue el segundo imperio más grande de toda América en el siglo XVI; solo los incas ocuparon un territorio mayor. En su apogeo, el Imperio azteca incluía unas 50 o más ciudades-estado y más de 3 millones de personas. Sin embargo, casi todo esto desaparecería con la llegada del español. Armas superiores y enfermedades devastadoras destruyeron gran parte de lo que los aztecas habían construido durante los siglos anteriores.

Muchos de los secretos del Imperio azteca han sido descubiertos. Sin embargo, aún quedan muchos más. Los historiadores y arqueólogos están aprendiendo constantemente más sobre la forma en que vivían los aztecas, cómo se organizaban políticamente y cómo interpretaban su posición en el mundo y el cosmos.

Esta guía repasará algunas de las partes principales de la historia azteca, incluida una descripción detallada de quiénes fueron los aztecas, cómo se expandieron, cómo vivieron, cómo adoraron, cómo jugaron y, finalmente, cómo murieron. Dedicando el tiempo para recordar a los aztecas y sus logros, todos podemos participar para asegurarnos de que una de las civilizaciones más grandes del mundo viva para siempre.

Capítulo 1: ¿Dónde vivían los aztecas?

Para entender a la civilización azteca, es importante comprender el paisaje geográfico diverso en el que se basó su imperio. Los aztecas se consideran una civilización mesoamericana, siendo Mesoamérica el término para describir el área que se extiende desde el norte-centro de México hasta la costa del Pacífico de Costa Rica.

Como cabría esperar de un área tan grande, la característica definitoria de la geografía mesoamericana es la diversidad. Las tierras bajas costeras difieren mucho de las tierras altas centrales en todos los aspectos, del clima, las condiciones del suelo y la disponibilidad de cultivos. Es importante tener en cuenta que lo que tradicionalmente se considera el Imperio azteca, el área que rodea a Tenochtitlán (actual Ciudad de México) en el Valle de México, diferiría mucho de sus territorios circundantes y se basaba en ellos para una serie de diferentes recursos esenciales y de lujo.

En general, Mesoamérica se puede dividir en tres zonas ambientales principales. Las tierras bajas tropicales se refieren a las tierras situadas por debajo de 1.000 metros (~ 3280 pies). Estas partes de

Mesoamérica se conocen como tierra caliente. Toda Mesoamérica se encuentra en un clima tropical, pero en las zonas más altas se reducen las temperaturas. Cerca de las costas, sin embargo, esto no sucede. Las temperaturas son altas, el aire es húmedo y la lluvia es intensa. Los principales paisajes en esta zona son los bosques de vegetación pesada o los pastizales de la sabana. Los aztecas confiaban en estos territorios para bienes tales como plumas coloridas de loros y quetzales (usados para rituales y arte), pieles de jaguar, tabaco y jade.

A medida que uno se mueve hacia el interior, entran en las tierras altas de Mesoamérica. Las tierras altas se refieren a áreas que se encuentran entre 1.000-2.000 m (~ 3280-6560 pies) y a menudo se les conoce como *tierra templada* (país templado). Las temperaturas rondan los 70°F (21°C) y, en las distintas estaciones secas (de enero a mayo) y lluviosas (de junio a octubre), las precipitaciones son suficientes en la mayor parte de las tierras altas de Mesoamérica para que las personas puedan cultivar con éxito todo el año.

Si bien este territorio es montañoso, la civilización humana ha florecido en los valles de los ríos y otras extensiones con tierras relativamente planas. Muchas otras civilizaciones mesoamericanas encontraron su hogar aquí, incluidos los mixtecos, zapotecas, tarascos y mayas de las tierras altas. La parte sur del corazón del Imperio azteca cae en este territorio.

Si continúa subiendo las montañas y hacia el centro de México actual, entrará en la meseta central de México. Donde quiera que vaya, hay al menos 2.000 m (~ 6560 pies) sobre el nivel del mar, lo que hace descender las temperaturas tropicales y le da a la meseta el nombre de *tierra fría*. El corazón de la civilización azteca estaba en el centro de esta meseta, el Valle de México. Pero grandes valles adicionales se encuentran al norte, al oeste y al este. Las precipitaciones varían ampliamente en esta parte de Mesoamérica, y las temperaturas más frías hacen que las heladas sean un desafío para los agricultores, acortando la temporada de crecimiento y la disponibilidad general de cultivos.

En el corazón del Valle de México se encuentra Tenochtitlán, la capital azteca. Construida esencialmente en el lago Texcoco, Tenochtitlán fue fundada en 1325 y crecería hasta convertirse en una ciudad poderosa, la más grande de Mesoamérica. Los acuerdos con las ciudades-estado cercanas expandieron enormemente su capacidad para crecer y expandirse tanto en la influencia territorial como la cultural.

Alrededor del Valle de México, la elevación disminuye rápidamente y la diversidad cultural se expande. Al norte, los hablantes de otomí dominaron y se mantuvieron relativamente fuera de la influencia azteca. Al oeste se encuentra el Valle de Toluca, donde los hablantes de azteca-náhuatl compartieron territorio con diferentes grupos lingüísticos. Y al este se encuentra el valle de Puebla, donde varias ciudades en la parte norte de este territorio resistieron la conquista azteca y se mantuvieron independientes hasta que llegaron los españoles en 1519.

Es importante comprender el entorno en el que se desarrolló el Imperio azteca. Terreno desafiante y diversidad cultural creados para un estado de constante competencia por el poder y la influencia. Establecer el dominio en este área requería un uso inteligente y eficiente de los recursos, junto con una gran cantidad de fuerza y astucia, y la creación de enemigos en el camino. Esta sería la eventual desaparición del Imperio azteca, pero primero facilitó una civilización que es responsable de gran parte de la historia mesoamericana.

Capítulo 2 – ¿Quiénes eran los aztecas?

Lo primero que hay que recordar es que los aztecas son los aztecas solo para nosotros. Este es el nombre que los historiadores usan para describir el imperio formado por los pueblos de habla náhuatl que se referían a sí mismos como los mexicas. Se dice que el nombre azteca se deriva de la palabra Atzlan, que describe un lugar en el norte de México donde se cree que se originó el mexica seminómada. La ubicación exacta de Aztlán es desconocida, aunque generalmente se acepta que está en el norte del México moderno. Muchas tribus de habla náhuatl dicen que su origen es de Atzlan, pero incluso los aztecas que conocemos no tenían una idea clara de dónde se encuentra. Montezuma, famoso, envió una banda de guerreros y exploradores para encontrarlo, pero no tuvieron éxito. La palabra azteca proviene de *náhuatl aztecatl*, que significa "habitante de aztlán". Sin embargo, los aztecas no usaron este nombre para describirse a sí mismos. Se convirtió en el término aceptado con el tiempo. En general, no está claro si los aztecas se mudaron al Valle de México porque así lo habían planeado o, más bien, como parte de una migración mucho más grande hacia el sur llevada a cabo por la gente del norte de México.

Es probable que los aztecas estuvieran relacionados de alguna forma u otra con los toltecas, una civilización que creció en importancia en el norte de México en los siglos XI y XII. Era muy importante para los primeros gobernantes aztecas establecer algún tipo de linaje con los toltecas, ya que sentían que esto les daba legitimidad. Además, los aztecas adoptarían y adaptarían muchas de las prácticas religiosas y espirituales de los toltecas. Por ejemplo, el dios azteca Quetzalcóatl, considerado uno de los dioses más importantes de la religión azteca, era el sacerdote-rey de Tula, la capital tolteca.

Sin embargo, a pesar de los esfuerzos de los gobernantes aztecas para establecer conexiones directas con los toltecas, es mucho más probable que las personas a las que nos referimos ahora como aztecas fueran en realidad una combinación de diferentes tribus de cazadores-recolectores. No está claro por qué, a principios de los aztecas, los soberanos encontraron que era necesario legitimar su gobierno al reclamar el linaje con los toltecas. A medida que el imperio creció y se consolidó, esto se volvió menos importante. Sin embargo, algunas de las similitudes culturales y religiosas son difíciles de ignorar. Al final, fue el idioma náhuatl el que reunió a distintos grupos culturales para formar lo que hoy conocemos como los aztecas.

El Imperio azteca típicamente se refiere a lo que se conoce como la Triple Alianza. Esta fue una alianza entre las tres ciudades en el Valle de México, Tenochtitlán, Texcoco y Tlacopan. La capital debía ser Tenochtitlán, y crecería para ser el centro de la influencia azteca en la región.

La historia, o historias, de la fundación de Tenochtitlán arroja algo de luz sobre los valores y visiones del mundo aztecas que se pueden ver a lo largo de la historia del imperio. La primera historia habla del poder de la religión y el mito. Después de haber sido forzado a establecerse en otro lugar, el dios Uitzilopochtli se acercó al sacerdote Quauhcoatl y le dijo que debían construir su ciudad donde encontraran un cactus tenochtli con un águila sentada encima. La leyenda cuenta que los hombres con los que viajaba Quahcoatl encontraron este cactus poco después y decidieron establecerse allí.

Otra historia explica por qué los mexicas buscaban un nuevo lugar para establecerse. Eran seminómadas, lo que significa que cambiaban las tierras según las necesidades agrícolas o pastorales. Forzados hacia el sur, encontraron que la mayor parte del valle de México ya estaba ocupado por otras tribus y grupos lingüísticos.

El primer asentamiento de los mexicas, Chapultepec, se encontraba en una colina en la orilla occidental del lago Texcoco. Fundada en aproximadamente 1250, Chapultepec no duraría mucho. Para finales del siglo XIII, los tepanecas de Azcapotzalco, la tribu que había establecido el dominio en el área que rodea a Chapultepec, habían expulsado a los mexicas de Chapultepec y les habían dado permiso para vivir en las tierras áridas que rodeaban la ciudad-estado de Tizapan, también en los alrededores del lago Texcoco.

En 1323, sin embargo, los mexicas jugaron un truco cruel con su nuevo gobernante. Después de pedir la mano de su hija en matrimonio, la sacrificaron rápidamente y le desollaron la piel. Un sacerdote se presentó al rey con la piel de su hija. Horrorizado, esto hizo que los mexicas fueran expulsados de Tizapan. Una vez más se vieron obligados a encontrar un nuevo lugar para vivir.

Es imposible saber si los aztecas eligieron Tenochtitlán debido a la intervención divina o por necesidad. Obligados a evacuar dos asentamientos anteriores, los mexicas ya no podían ser demasiado exigentes. Tenochtitlán es esencialmente un pantano, y su crecimiento se debió en gran parte al tremendo esfuerzo de agregar tierra y barro para construir un terreno sólido sobre el que se pudiera construir una ciudad.

Sin importar la razón, Tenochtitlán fue el centro de lo que ahora llamamos el Imperio azteca. Su símbolo es, apropiadamente, un águila posada sobre un cactus. Esta imagen aparece en el centro de la bandera de México moderno, indicando el papel que desempeña esta antigua civilización en la psique colectiva de una de las naciones modernas más grandes del mundo.

Cada vez es más común referirse a Tenochtitlán por su nombre completo: México-Tenochtitlán. El significado exacto del nombre no se entiende completamente. Tenochtitlán dibuja claramente su apodo de la palabra náhuatl para nopal, *tenochtli*, pero el origen de la palabra *México* es más difícil de descubrir. La mayoría de los investigadores ahora están de acuerdo en que significa "en el centro de la luna", y la luna se refiere en este contexto al lago Texcoco. Esta deducción se confirma al observar cómo se traduce el nombre México-Tenochtitlán al idioma otomí cercano, donde se hace referencia a la capital mexicana como "*anbondo amedetzana*". Se sabe que Bondo significa nopal y amedetzana significa "en el medio de la luna". Muchas fuentes y documentos históricos se referirán a la ciudad simplemente como Tenochtitlán, pero aquellos que vivieron durante el apogeo del Imperio azteca habrían usado su nombre completo.

Estas historias de origen de México-Tenochtitlán reflejan cómo llegaríamos a percibir esta antigua civilización y cultura. La mitología y la religión azteca han sido muy estudiadas, y la mayoría de las representaciones modernas de la vida azteca incluyen al menos alguna referencia a la brutalidad del sacrificio humano. Las imágenes de sacerdotes arrancando los corazones de los ciudadanos son abundantes. Y mientras esto ocurrió, la cultura azteca fue, como es de esperar, decididamente diversa y dinámica, especialmente para una civilización de este tamaño.

Las estimaciones indican que más de 1 millón de personas vivían en el Valle de México cuando Cortés entró en escena en 1519. Y probablemente había otros dos o tres millones en las tierras altas que lo rodeaban. Estas cifras hacen de la civilización azteca la más grande de América en el momento de la llegada de los europeos.

También es importante recordar que cuando hablamos del Imperio azteca, en muchos aspectos estamos hablando del período de tiempo posterior a la formación de la Triple Alianza. Este fue un acuerdo para unir las tres principales ciudades-estado que rodean el Lago de Texcoco, específicamente México-Tenochtitlán, Texcoco y Tlacopan, y para ubicar a México-Tenochtitlán en el centro como la capital. Las tres ciudades compartirían recompensas del comercio y los tributos, permitiéndoles organizar su expansión en el valle circundante.

Capítulo 3 – El gobierno, ciudades-estado y la expansión

La civilización azteca se puede dividir en dos períodos principales: el período azteca temprano y el período azteca tardío. Muchas de las ciudades-estado que se convertirían en parte del Imperio azteca se fundaron a principios del siglo XII. La mayoría persistiría y crecería a lo largo de los siglos venideros, y muchas se convertirían en importantes ciudades-estado en el imperio. Sin embargo, a medida que estas ciudades se convirtieron en ciudades y, finalmente, ciudades-estado, gran parte de lo que se había construido en el período azteca temprano se destruyó, dejando poca evidencia arqueológica de estos asentamientos.

El inicio del período azteca tardío generalmente se asocia con la fundación de México-Tenochtitlán en 1325. Cuando llegaron los mexicas, había muy poca tierra que aún no se había colonizado. Diferentes tribus y grupos étnicos ocuparon el territorio, pero con el tiempo, muchos de ellos se asimilarían a la cultura azteca. El único grupo étnico capaz de mantener su propia identidad independiente fue el otomí, que mantuvo sus propias tradiciones lingüísticas y culturales a pesar de la presión constante de sus vecinos de habla náhuatl.

El sistema político de los aztecas era el despotismo. Reyes y cuasi reyes gobernaban ciudades-estado e interactuaban con otras ciudades-estado de varias maneras. A veces cooperaban entre sí, generalmente a través de alianzas comerciales y militares, pero también luchaban entre sí constantemente. Como tal, las relaciones entre las ciudades-estado fueron siempre cambiantes e impredecibles.

Sin embargo, el Imperio azteca se entiende mejor como una alianza política entre unas cincuenta o más ciudades-estado que ocuparon el Valle de México. La única institución política real que los unió fue el sistema de impuestos y tributos que fue diseñado para ayudar a elevar el estatus de los soberanos y la nobleza y también para suprimir y someter a los plebeyos. A medida que el imperio se expandió, este sistema de tributos se hizo más exigente. Y en los casos en que las ciudades-estado quedaron bajo el control de los aztecas debido a la conquista militar, los tributos fueron aún más severos.

La edad de oro del Imperio azteca comenzó en 1428 con la formación de la Triple Alianza entre México-Tenochtitlán, Texcoco y Tlacopan. Esto representa la forma más sólida de cooperación política entre cualquiera de las ciudades-estado en el Valle de México, y fue gracias al poder económico y militar de estas ciudades-estado que los aztecas pudieron finalmente obtener el control sobre casi todos los asentamientos en el valle de México y más allá.

Esta alianza, sin embargo, nació de la guerra. Las hostilidades entre los mexicas o aztecas y los tepanecas, una ciudad-estado que también tuvo una influencia considerable en el Valle de México, se intensificaron alrededor del año 1426. Los tepanecas intentaron bloquear Tenochtitlán en un esfuerzo por obtener impuestos y tributos más altos. Mientras intentaban intimidar a los mexicas en Tenochtitlán, los tepanecas, dirigidos por Maxtla, también estaban acosando al Acolhua en Texcoco. Cuando obligaron a Netzahualcoyotl, el soberano de Texcoco, a huir, los mexicas encontraron un aliado en su lucha contra los tepanecas. Además, Motecuhzoma, el líder de Tenochtitlán en ese momento, intentaba reunir apoyo para una rebelión en el Valle de México al complacer a los ciudadanos de Tlacopan que estaban cansados del gobierno de los tepanecas y estaban buscando un cambio.

La guerra completa estalló en 1428, y con las fuerzas de Texcoco, Tlacopan, Tenochtitlán y Huexotzinco combinadas, los tepanecas fueron derrotados, dejando a los mexicas como principal poder en el Valle de México. Siendo la más grande y rica de las tres ciudades-estado, y también teniendo el ejército más grande, Tenochtitlán fue la elección natural para el centro de esta alianza imperial recién formada. El Huexotzinco, que vive al otro lado de las montañas, estaba simplemente interesado en eliminar a los tepanecas, pero no tenía más ambiciones en el Valle de México. Después de que finalizara la guerra, regresaron a su hogar y las tres ciudades-estado restantes formaron lo que ahora llamamos la Triple Alianza.

Esta colaboración fue tanto una alianza militar como una cooperación económica. La primera doctrina fue acordar no emprender la guerra entre sí y apoyarse mutuamente en las guerras de conquista y expansión. Los impuestos de estas conquistas serían compartidos, con dos quintas partes destinadas tanto a Texcoco como a Tenochtitlán y una quinta parte a Tlacopan. La capital debía estar en Tenochtitlán, lo que significa que el líder de esta ciudad-estado era el emperador de facto, sin embargo, este líder sería elegido de manera un tanto democrática. Un colegio electoral formado por nobles y dignatarios de las tres ciudades-estado de la Alianza fue responsable de elegir al líder del pacto. Itzcoatl fue nombrado el primer emperador del nuevo Imperio azteca, a pesar de que Motecuhzoma había sido el líder de Tenochtitlán. Motecuhzoma tendría que esperar su turno para asumir la posición de emperador.

Después de unir fuerzas, el nuevo Imperio azteca rápidamente fijó sus metas en ganar el control sobre todo el Valle de México. Las campañas a lo largo de la década de 1430 trajeron a las ciudades de Chalco, Xochomilco, Cuitalhuac y Coyocan bajo la influencia de la

Triple Alianza. Después de completar estas conquistas, los aztecas miraron más al sur, y se mudaron al estado moderno de Morelos. Aquí conquistarían Cuauhnahuac (la ciudad moderna de Cuenravaca) y Huaxtepec. Ubicados en elevaciones más bajas, los climas en estas ciudades eran mucho más favorables. La agricultura intensa dio como resultado producciones impresionantes que los aztecas deseaban para alimentar a su gente y enriquecer su imperio.

En 1440, Itzcoatl murió y Motecuhzoma I fue elegido como el próximo emperador. El reinado de Motecuhzoma I fue una parte importante de la historia azteca. Comenzó la construcción de algunos de los templos aztecas más importantes, incluido el gran templo de Tenochtitlán. Pero quizás lo más importante es que Motecuhzoma era responsable de consolidar el poder político en manos de los mexicas.

Cuando las nuevas ciudades-estado cayeron bajo el control de los aztecas, Motecuhzoma instaló a su propia gente como recaudadores de impuestos para evitar a las dinastías que habían existido anteriormente, centralizando el poder en las manos de Tenochtitlán y quitándoselo a las tribus rivales. Motecuhzoma I también estableció un nuevo código legal que sirvió para distinguir a la nobleza de la gente común.

Sin embargo, también estaba interesado en sofocar las rebeliones y mantener las ciudades-estado que habían sido conquistadas bajo su control. Una cosa que hizo fue crear un nuevo título, el quahpilli (señor águila). Cualquiera podía ocupar esta posición y se daba típicamente a los guerreros que habían tenido un éxito excepcional en la batalla.

Motecuhzoma también presidió uno de los períodos más oscuros del Imperio azteca. La sequía severa que golpeó la región en 1450 llevó a hambrunas significativas en los siguientes cuatro años. Miles de aztecas morirían de hambre durante este período. Después de que terminaran las hambrunas, hubo un aumento significativo en la cantidad de sacrificios humanos en todo el imperio, ya que se creía ampliamente que esta sequía y hambre era el resultado de la falta de sacrificios en los años anteriores a 1450.

Motecuhzoma I y Nezahualcoyotl de Texcoco comenzaron una serie de campañas militares en 1458 que expandirían dramáticamente la esfera de influencia azteca en la región. Pudieron extender su control mucho más allá del Valle de México, estableciendo el dominio en la mayoría de los estados modernos de Morelos y Oaxaca.

Cuando Motecuhzoma I murió en 1468, Axayacatl, nieto de Motecuhzoma I e Itzcoatl, se hizo cargo del trono. La mayor parte de los 13 años de su gobierno los pasó consolidando o reconquistando algunos de los territorios ya confiscados por los gobernantes anteriores. Axayacatl fue sucedido por su hermano Tizoc en 1481. Sin embargo, era un gobernante débil y un líder militar pobre. Murió en 1486 y fue reemplazado por otro de sus hermanos, Ahuitzotl. Algunas evidencias sugieren que Tizoc pudo haber sido asesinado, ya que aquellos en el centro del imperio vieron a Tizoc como una responsabilidad.

Cuando Ahuitzotl tomó el trono, comenzó otro período de conquista militar que expandiría significativamente el territorio controlado por los aztecas. Específicamente, conquistó gran parte del Valle de Oaxaca y la costa del Soconusco en el sur de México. Aunque eran las más alejadas del centro imperial, estas áreas eran significativas, ya que eran una fuente importante de bienes, como el cacao y las plumas, las cuales fueron utilizadas por la nobleza como medio de expresar su riqueza y mayor posición social.

El reinado de Ahuitzotl representa el período más próspero del Imperio azteca. No solo se expandió considerablemente en términos del territorio que controlaba, sino que Ahuitzotl también pudo consolidar el poder dentro de la Triple Alianza. Reemplazó el título *tlataoni*, que significa "aquel que habla", y fue la palabra azteca para el soberano, con *huehuetlatoani*, que significa "rey supremo". Las otras ciudades-estado fueron consultadas menos sobre asuntos imperiales que parecían tener poco deseo en tratar de recuperar el control de los líderes de Tenochtitlán. El gran templo de la ciudad se completó durante la época de Ahuitzotl, lo que indica que su gobierno también presidió un período de importante prosperidad económica.

Cuando Ahuitzotl murió en 1502, fue reemplazado por Motecuhzoma Xocoyotzin, a quien se menciona a menudo en los libros de historia como Montezuma, o Montezuma II, que no debe confundirse con Motecuhzoma I. Siguiendo los pasos de los emperadores anteriores que asumieron el poder después de un período de expansión imperial significativa, el reinado de Moctezuma se definió en gran medida por sus intentos de consolidar el poder. Pero esta vez, parecía haber un esfuerzo más acentuado para consolidar el poder no solo en manos de la Triple Alianza, sino también en manos de la familia de Moctezuma. Él esencialmente abolió el estatus de muchos nobles, reemplazándolos con personas más cercanas a su círculo inmediato. En la corte, Moctezuma gobernó con terror, lo que llevó a algunos estudiosos a indicar que Moctezuma pudo haber estado tomando medidas para crear una monarquía absoluta en el Imperio azteca.

El Imperio azteca estaba en su apogeo durante el reinado de Moctezuma. Tenía control político, económico, social y militar sobre una vasta extensión de tierra que estaba poblada por unos 3-4 millones de personas. Sin embargo, un fracaso particular de los gobernantes anteriores fue su incapacidad para conquistar con éxito a los Tlaxcallans, un grupo de habla náhuatl que había establecido su hogar cerca del Valle de México, pero que se había resistido al control azteca.

La incapacidad azteca de conquistar a los tlaxcallanes demostró tener consecuencias desastrosas, ya que los españoles pudieron formar una alianza con ellos.

De hecho, no fue difícil para los españoles encontrar apoyo para su causa. Para entender por qué fue así, es importante recordar por qué los aztecas estaban tan preocupados por la expansión. Estaban buscando nuevas ciudades-estado para someterlos a su sistema de impuestos y tributos, y también buscaban nuevas víctimas que pudieran ser sacrificadas a los dioses.

Además, estaban interesados en expandir el conjunto de recursos del imperio. Una población en crecimiento significó una mayor demanda de alimentos. Las ciudades-estado en elevaciones más bajas eran mucho más productivas desde el punto de vista agrícola, por lo que la conquista de estos asentamientos le facilitó a los aztecas la alimentación de su población, y también representó una oportunidad para enriquecer a la élite azteca mediante la recaudación de impuestos y tributos. Esta estrategia demostró ser efectiva a medida que el Imperio azteca creció en riqueza y población considerablemente después de la formación de la Triple Alianza, pero también tuvo el efecto de crear mucha animosidad hacia Tenochtitlán y el Imperio azteca, algo que pondría a los aztecas en una desventaja significativa contra los españoles. Había mucha gente dispuesta a unirse a los españoles para ayudar a conquistar a los poderosos aztecas.

A lo largo de los aproximadamente 100 años de la Triple Alianza, los aztecas tomaron su civilización de una colección suelta de ciudades-estado semi-alineadas, pero a menudo en guerra, y la convirtieron en el segundo imperio más grande del Nuevo Mundo (solo los incas controlaban una expansión más amplia de territorio) y el imperio más grande que haya existido en Mesoamérica. Su sistema de expansión y consolidación fue constante y dirigido. Los emperadores que lograron expandir el territorio fueron seguidos por líderes que lograron consolidar y organizar las tierras y ciudades adquiridas recientemente. Se produjeron muchos contratiempos en el camino (varias ciudades fueron conquistadas, perdidas y reconquistadas, por ejemplo), pero en general, el imperio estaba creciendo tanto en tamaño como en influencia en el momento de la llegada de los españoles. Sin embargo, el contacto con los españoles llevaría al rápido declive al que se había convertido en uno de los imperios más poderosos del mundo antiguo.

Capítulo 4 –La llegada de los españoles y la decadencia del imperio

Con la llegada de Cristóbal Colón a las Indias Occidentales en 1492, los españoles fueron oficialmente los primeros europeos en el Nuevo Mundo. Con ganas de explorar, establecieron una base en Cuba y comenzaron a enviar expediciones a diferentes partes de América del Norte, Central y del Sur. Una de esas expediciones fue la de Hernán Cortés. Los españoles habían oído hablar de una gran potencia en el centro de México. Los rumores de grandes riquezas combinados con el deseo de expandir la influencia española en el nuevo mundo llevaron a Cortés a fijarse en el Valle de México y el imperio azteca.

La expedición de Cortés fue inicialmente autorizada y financiada a medias por la corona española, y el propio Cortés aportó el resto del dinero necesario para que se llevara a cabo la misión. Sin embargo, poco antes de zarpar hacia México, la corona española rescindió su apoyo, pero Cortés zarpó de todos modos. Varias expediciones serían enviadas tras Cortés en un esfuerzo por arrestarlo y ponerlo bajo custodia.

En 1519, Cortés llegó a la costa de México cerca de la actual ciudad de Veracruz con unos 500 soldados. Fueron recibidos por mensajeros de Moctezuma, que habían oído hablar de estos extraños hombres que exploraban la costa. Moctezuma fue cauteloso con ellos y también pensó que podrían ser dioses. Los aztecas que saludaron a Cortés le ofrecieron regalos como una forma de establecer relaciones pacíficas, pero también para confirmar si estas personas eran o no de hecho divinas. Cuando se les dio el oro, los españoles se volvieron locos, y esta manifestación de codicia y lujuria convenció a los aztecas de que los recién llegados no eran descendientes de los cielos.

Cortés inició su marcha hacia el interior, haciendo aliados en el camino. Había oído rumores de que los ejércitos aztecas podían sumar miles, y aunque los españoles tenían mejores armas, Cortés sabía que necesitaría más tropas si esperaba tener éxito en su conquista. Moviéndose tierra adentro, Cortés se alió primero con los totonacas. Luego, se dirigieron hacia Tlaxcalla, la poderosa ciudad-estado que había resistido el control de la Triple Alianza. Después de un conflicto inicial, Cortés pudo convencer a los Tlaxcallans de que se unieran a él en su viaje hacia el interior de Tenochtitlán. Cuando Cortés finalmente se abrió camino hacia el centro de México, tenía varios miles de tropas bajo su mando.

Su primera parada fue en la ciudad santa de Cholula. Fueron bienvenidos al principio, pero Cortés temía una emboscada y masacró a miles de civiles desarmados. Al oír esto, Moctezuma comenzó a sospechar cada vez más de los españoles. Temiendo las intenciones de los españoles y el tamaño de su fuerza, continuó enviando regalos como una forma de tratar de ganar la amistad y desalentar la hostilidad, pero todo esto fue un aumento del deseo que Cortés y sus hombres tenían de alcanzar y conquistar a los aztecas. Moctezuma siguió enviando oro, y era el oro lo que querían los españoles.

Cuando llegaron los españoles, Moctezuma les dio la bienvenida colocándolos en lo que era el equivalente a un palacio real. Cortés respondió tomando prisionero a Moctezuma. Luego comenzó a gobernar Tenochtitlán, fingiendo que estaba actuando bajo la dirección del emperador azteca. En 1520, Cortés recibió la noticia de sus exploradores de que se había enviado una expedición a México para arrestarlo, por lo que abandonó Tenochtitlán con la mitad de sus fuerzas para luchar contra esa expedición. Tuvo éxito y luego regresó a Tenochtitlán para terminar el trabajo de poner a los aztecas bajo el control español.

Al regresar a la capital azteca, Cortés descubrió que habían surgido tensiones que pusieron a los españoles en gran peligro. Hicieron planes para huir de la ciudad y reagruparse, pero cuando intentaron escapar en medio de la noche, sufrieron grandes bajas. Muchos españoles se habían cargado de oro, lo que los ralentizó y los convirtió en objetivos más fáciles. Finalmente, los españoles lograron escapar de Tenochtitlán. Se retiraron a Tlaxcala en las montañas.

En los próximos meses, Cortés logró reagruparse considerablemente. Marchó nuevamente en Tenochtitlán con unos 700 soldados españoles y alrededor de 70,000 tropas nativas. Luego se asentarían en la ciudad durante meses. Enfermedades como la viruela causaron estragos en la ciudad, diezmando a su población, y los españoles cortaron todas las fuentes de agua dulce y detuvieron todos los envíos de alimentos. Finalmente, el 13 de agosto de 1521, Cuauhtemoc, quien había reemplazado a Moctezuma como emperador, fue capturado y los españoles se adjudicaron la victoria. Esta vez, esta gran civilización entraría en un período oscuro. Los españoles, ansiosos por explotar a la gente y la tierra, mataron a miles de aztecas y esclavizaron a muchos más. El Imperio azteca, después de casi cien años de gloria en el Valle de México, se había terminado.

Muchas personas que no están familiarizadas con la forma en que cayó el Imperio azteca expresaron sorpresa de cómo un grupo tan pequeño de soldados españoles fuera capaz de derrocar a un imperio tan inmensamente poderoso. Pero esto representa un grave malentendido de cómo Cortés pudo finalmente conquistar a los aztecas. Primero, su fuerza era mucho solo mayor a unos pocos cientos de personas. Las antiguas rivalidades combinadas con el resentimiento hacia los impuestos y tributos establecidos por los aztecas hicieron que a Cortés le resultara muy fácil reclutar aliados en la lucha para derrotar a Tenochtitlán.

Pero los españoles tenían otra arma a su disposición, la enfermedad. Las enfermedades como la viruela nunca antes se habían visto en Mesoamérica. Mientras que los europeos habían estado expuestos a ella durante siglos y habían desarrollado inmunidades, los aztecas no lo habían hecho. Cientos de miles morirían de la viruela, el sarampión, las paperas, la influenza y muchas otras enfermedades. Esta arma silenciosa demostró ser una de las razones más importantes por las que los españoles pudieron tomar el control de un imperio tan poderoso en tan poco tiempo.

La historia de la caída de la dominación azteca no hace justicia a la naturaleza impresionante de su imperio. Establecieron uno de los imperios más grandes, no solo en América, sino en todo el mundo antiguo. Sin embargo, al final, no fueron rivales para la enfermedad y la potencia de fuego europeas, y su dominio sobre el Valle de México se detuvo de forma escandalosa solo unos pocos años después de que Cortés y los españoles desembarcaran en la península mexicana.

Capítulo 5 - Un día en la vida de un ciudadano azteca

Las clases sociales y la jerarquía influyeron dramáticamente en la vida del ciudadano azteca. Los derechos, deberes y privilegios se determinaban como resultado de la posición social de uno. Los nobles, que poseen más recursos y capacidad para movilizarlos, tienen la mayor cantidad de agencia y autonomía. Sin embargo, al observar más de cerca las vidas de las clases más distintas, es claro que la movilidad ascendente era ciertamente posible. Ni siquiera un esclavo estaba destinado a ser esclavo durante toda su vida, y lograr la libertad no era tan difícil, especialmente si se compara con la esclavitud que surgiría en las colonias europeas.

No obstante, el análisis de la vida cotidiana en la sociedad azteca de acuerdo con la clase presenta una imagen útil de cómo las personas veían sus vidas y cómo decidían vivirlas. Los nobles eran en gran parte responsables de tareas tales como dirigir el gobierno, poseer tierras y comandar el ejército. Los plebeyos eran mucho más numerosos que los nobles, y se confiaba en ellos para apoyar a la nobleza con alimentos y otros bienes. El éxito de la expansión azteca se debe en gran parte a este equilibrio. Una clase trabajadora productiva y contenta apoyaba a una nobleza que reconocía que su poder dependía de estar atentos a las necesidades de los plebeyos.

El Soberano, los Dignatarios y los Nobles

Las clases dominantes de la sociedad azteca pueden ser estratificadas crudamente en tres grupos. En la parte superior estaba el soberano, con el título de *tlatoani*. Cada ciudad-estado tenía su propio *tlatoani*. Con la formación de la Triple Alianza, se introdujo el título huehuetlatoani para referirse al líder del pacto. El término *tlatoani* se usaba para describir al jefe de una ciudad-estado, y también al jefe del Imperio azteca, dependiendo del contexto en el que esté escrito.

Debajo del soberano estaban los dignatarios, generalmente parientes cercanos o amigos del soberano. Y debajo de los dignatarios estaban la nobleza, o los *pilli*. Estos tres grupos eran responsables de los deberes administrativos, burocráticos y de gobernador del imperio. En los primeros días de la civilización azteca, este grupo era pequeño, pero crecería considerablemente a lo largo de los siglos, expandiendo su influencia sobre los asuntos del imperio.

El soberano

El título *tlataoni* se traduce en "aquel que habla", y puede entenderse que significa emperador. Aunque los primeros *tlatoanis* intentaron establecer el linaje con los toltecas y los dioses, la mayoría de los emperadores fueron elegidos. Si bien *Ttlataoni* era el título otorgado al soberano del Imperio azteca, también era el nombre de los dignatarios de alto rango que gobernaban una ciudad-estado y sus alrededores.

Es importante recordar que el Imperio azteca no era un imperio en el sentido tradicional. No tenía un líder designado que pasara el poder a través de su linaje. En cambio, el poder azteca se derivó de la Triple Alianza. Como resultado, es posible encontrar la palabra *tlataoni* en referencia a los líderes de una ciudad-estado específica y también a los jefes de México-Tenochtitlán, quienes, como residían en la capital del imperio, se consideraban los jefes de la "nación" azteca más grande.

Cada ciudad-estado tenía su propio conjunto de reglas para la sucesión de líderes. Algunos siguieron estrictas líneas ancestrales, teniendo cuidado de enfatizar su relación de una u otra tribu en particular, en un intento de atribuir su derecho a gobernar a los dioses. Sin embargo, muchas ciudades-estado eligieron nuevos líderes votando después de que el *tlataoni* anterior hubiera muerto. Esta es una tradición que remonta sus raíces a los primeros días de la vida azteca en el Valle de México. El *tlataoni* que era elegido para gobernar México-Tenochtitlán y el Imperio azteca en su totalidad siempre era electo, aunque a medida que el imperio se expandía, el grupo de personas responsables de esta votación se reduciría significativamente.

Al principio, cuando los aztecas se establecieron por primera vez en el Valle de México, la votación se llevó a cabo en toda la ciudad, y la mayoría de los hombres adultos tuvieron la oportunidad de emitir su voto sobre quién debería ser el líder. Sin embargo, a medida que el imperio se expandía y resultaba imposible reunir a todos para una votación, surgió un colegio electoral compuesto por dignatarios para elegir al emperador. Entonces, a medida que el imperio se expandía, el poder de elegir al siguiente *tlatoani* se fue alejando más y más de la gente. De hecho, cuando los españoles llegaron a principios del siglo XVI, el grupo de personas responsables de elegir al líder del imperio era alrededor de 100. Considerando que la población del Imperio azteca en el momento de la llegada de los españoles era de millones, es claro que el poder y el gobierno aztecas se consolidaron lentamente en manos de una pequeña oligarquía que provenía de los niveles más altos de la sociedad.

Tras tomar el mando, el soberano tenía tres funciones principales: comandante jefe, representante de la clase gobernante, ejecutor de la ley y protector de la gente común. En nuestra comprensión tradicional de las estructuras gubernamentales, el Imperio azteca era una monarquía. Sin embargo, como se mencionó anteriormente, combinaba algunos aspectos de la democracia, como la elección del jefe de estado y el derecho individual a votar. La lenta degradación de estas características a lo largo del tiempo erosionó el reclamo azteca de democracia, pero aún es importante reconocer su presencia.

El nombre *tlatoani* no fue un error. "Aquel que habla" se adapta al emperador azteca debido a la expectativa de que este individuo podría comandar la autoridad en el consejo a través de discursos largos y elocuentes diseñados para influir en las opiniones y perspectivas de los miembros del gabinete. Fue en estas sesiones que el emperador y su consejo debatirían el futuro de los aztecas.

El otro título del emperador, *tlacatecuhtli*, se deriva directamente de la responsabilidad del emperador como comandante jefe de los militares. *Tlacatecuhtli* se traduce literalmente en "jefe de los guerreros". Una buena parte del tiempo del emperador se dedicaba a realizar varias campañas militares. Como las tres ciudades de la Triple Alianza eran todas ciudades-estado poderosas por derecho propio, el soberano azteca tenía una fuerza considerable a su disposición para mandar cuando lo considerara oportuno.

La última gran responsabilidad del soberano azteca era con el pueblo. Si bien los líderes aztecas no proclamaron formalmente un derecho divino para gobernar, el proceso de votación, combinado con las ceremonias de coronación, inculcó la idea de que el soberano no había sido elegido por el pueblo o la nobleza sino por los dioses, específicamente Tezcatlipoca, que es conocido por tener una gran sabiduría debido a un espejo mágico que le permitía ver todo en todo momento.

Defender el templo de Uitzilopochtli era una de las principales responsabilidades de cualquier soberano azteca, además de garantizar que todos los dioses recibieran la debida adoración. Después de atender sus deberes para con los dioses, los gobernantes aztecas eran responsables ante el pueblo.

El soberano azteca se consideraba tradicionalmente como el "padre y la madre de México". Él era responsable de cuidar a la gente, de ayudar a combatir el hambre y de evitar la embriaguez y otros comportamientos no deseados en las ciudades y pueblos.

La mayoría de los investigadores de los documentos aztecas indican que los gobernantes se tomaban esta responsabilidad en serio. Parece que ha habido una verdadera afinidad entre los gobernantes y los gobernados. A pesar de atribuir su ascensión al trono a la intervención divina, todos los registros apuntan al hecho de que los gobernantes todavía no se consideraban por encima o superiores a sus súbditos. Y hay muchos ejemplos de gobernantes que actúan de una manera verdaderamente benevolente. Por ejemplo, Motecuhzoma I es famoso por haber distribuido unas 200.000 cargas de ropa y maíz a personas de Auitzol para que pudieran recuperarse tras una gran inundación.

Como ocurre con la mayoría de las cosas en el Imperio azteca, es importante recordar la descripción de los cambios soberanos a medida que se mueven por todo el territorio. Este estrecho vínculo entre gobernante y gobernado se sintió principalmente en el centro del imperio, principalmente en México-Tenochtitlán y el valle circundante de México. Esta conexión entre soberano y súbdito era mucho más débil en los territorios provinciales. Los tributos y los impuestos se percibían con mayor dureza y los beneficios de estos se distribuían de manera más restringida, lo que dejó a los asentamientos provinciales con una comprensión de su soberanía muy diferente a la de sus homólogos metropolitanos.

Los dignatarios

Directamente debajo del soberano en la jerarquía social azteca se encontraban los dignatarios. Estas personas eran típicamente familiares o amigos cercanos de los *tlataoni*, y eran responsables de llevar a cabo muchas de las decisiones del soberano.

El título exacto para cada dignatario y sus deberes correspondientes variaban mucho de ciudad a estado y de *tlataoni* a *tlataoni*. Cada puesto se llenó de acuerdo con las necesidades de esa ciudad en particular. O bien, las posiciones se creaban para otorgar títulos y estatus a las personas en el círculo íntimo de *tlataoni* que se consideraban lo suficientemente importantes como para merecer una posición en la corte.

Los deberes de estos individuos iban desde la protección de un templo hasta el manejo de graneros y otras instalaciones donde se almacenaban los impuestos y tributos. Los nombres diversos para todos los títulos diferentes son demasiado grandes para posiblemente enumerarlos. De estos dignatarios, los *tlataoni* elegirían su consejo. Este pequeño grupo fue responsable de asesorar a los *tlataoni* sobre todas las cuestiones importantes relacionadas con la administración del estado. Debían ser consultados antes de cada campaña militar y se necesitaba su bendición antes de comenzar algo nuevo.

Además, estos individuos a menudo formaban parte, si no todo, del colegio electoral que sería responsable de elegir al próximo emperador. Esto representa un cambio radical en la forma en que se elegían los líderes cuando los aztecas se establecieron por primera vez en el Valle de México. Cuando llegaron los españoles, el estado azteca ya no era una democracia sino una oligarquía protegida por un emperador poderoso. El principal efecto de esto fue estratificar aún más a la sociedad. Si bien la movilidad ascendente era posible, un miembro de la clase trabajadora podía ser reclutado entre los nobles si resultaba favorable para que lo hiciera la nobleza, aunque no era común.

En algún lugar de la época de Motecuhzoma I (principios del siglo XV), el título de *Ciuacoatl* entra en los registros de la historia azteca. Curiosamente traducido a "mujer-serpiente", el *Ciuacoatl* era esencialmente el vice-emperador. Era responsable de llevar a cabo el imperio de la ley, principalmente por ser el juez supremo en derecho marcial y penal. Escucharía casos y emitiría juicios sobre apelaciones, decidiría qué guerreros serían recompensados, organizaría campañas militares, administraría las finanzas imperiales, organizaría el colegio electoral después de la muerte del emperador y se desempeñaría como jefe de estado mientras se desarrollaba el proceso electoral. Este individuo tenía gran responsabilidad en la administración azteca. Ser elegido para esta posición era considerado uno de los más altos honores que un *tlataoni* podía otorgar a un individuo.

Nobles

La siguiente capa de la clase dominante es la nobleza, o el *pipiltin* o *pilli*. Junto con el soberano y el dignatario, la nobleza comprendía solo alrededor del 5 por ciento de la población azteca total, pero eran los que estaban a cargo. Los *pipiltin* no estaban tan involucrados en el funcionamiento de todo el imperio como lo estaban los dignatarios y el soberano. En cambio, su responsabilidad estaba en administrar el territorio que se les había dado y en mantener su palacio.

Está claro que el *pipiltin* vio a los plebeyos de la clase trabajadora como sus súbditos, y consideraron que el propósito principal de la vida del plebeyo era el servicio a la nobleza. Sin embargo, no había un nivel uniforme de tratamiento entre la nobleza. Dependiendo de la persona a cargo y las circunstancias de su posición, las condiciones de vida de los plebeyos podrían variar desde apenas una carga hasta la esclavitud limítrofe.

Independientemente de la forma en que los pilli trataban a sus súbditos, la gente común estaba vinculada a su señor local, y eran responsables de proporcionarle ciertos bienes y también de trabajar su tierra. Además, como los aztecas no tenían un ejército permanente, se esperaba y se exigía a cada comunero, específicamente a los hombres, que sirvieran cuando se lanzaba una campaña militar. Desafortunadamente, existe poco en forma de datos numéricos o anecdóticos para ayudar a descubrir el alcance total de los deberes requeridos de los plebeyos a sus respectivos señores.

Una de las características definitorias de la nobleza fueron sus palacios. Era muy importante que el *pipiltin* encontrara formas de distinguirse de los plebeyos y una de las formas de hacerlo era construir una casa grande y lujosa, por lo general en algunas de las mejores tierras agrícolas de la región. Incluso en las pequeñas ciudades provinciales, los nobles locales construirían una gran casa con los mejores materiales disponibles. Como muchos nobles eran polígamos, a menudo construían casas con apartamentos separados para cada una de sus familias.

Sin embargo, nunca se debe olvidar que la nobleza confió en los plebeyos para mantener su posición privilegiada. Se esperaba que cada plebeyo pagara impuestos o deberes a sus nobles respectivos, y los nobles confiaban en que los comuneros trabajaran sus tierras y ayudaran a producir bienes que podían vender y usar para mantener su posición de prestigio en la sociedad.

Al observar la forma en que la nobleza interactuaba con los comunes, es fácil ver cómo la sociedad azteca era bastante desigual. La nobleza era consciente de esto, y dado que mantener su elevada posición social era uno de sus principales objetivos, emprendieron una serie de actividades que ayudaron a fortalecerse como protectores de la sociedad que merecían el tratamiento especial que recibían.

La primera forma en que la nobleza mantenía a las personas satisfechas con la naturaleza estratificada de la sociedad azteca fue a través de las ideas. Al influir en lo que se hablaba en los templos y al controlar la retórica entre la gente, la nobleza azteca fue capaz de afianzar ideas de la gente tales como "todo el mundo tiene deberes que realizar", "el sufrimiento y el trabajo arduo es el estado natural de la existencia humana", y "el destino humano está en manos de los dioses". Estos mensajes ayudaron a sofocar cualquier movimiento desde abajo para desafiar la autoridad de la nobleza.

Sin embargo, necesitaban algo más para apoyar estas palabras e ideas para hacerlas más poderosas e influyentes. La coacción definió gran parte de la interacción entre la nobleza y los plebeyos. Muchos plebeyos estarían bajo el dominio de un noble como resultado de la conquista. El castigo por no pagar tributos / impuestos o por no trabajar en la tierra de los nobles suponía el retorno al conflicto. Y como los aztecas ya habían demostrado su dominio, este camino en particular no ofrecía muchas promesas a los conquistados. Como tal, era una alternativa mucho mejor simplemente someterse al nuevo orden político que molestarse en tratar de hacer algo para cambiarlo.

La tercera forma en que la nobleza se separó de los plebeyos y mantuvo así su posición superior fue el consumo material. Los nobles eran conocidos por llevar la ropa más cara, comer las comidas más exóticas y vivir en las casas más elaboradas. También se establecieron reglas especiales para ayudar a mantener esta segregación. A la nobleza solo se le permitía casarse con la nobleza, y se esperaba que se apoyaran mutuamente en tiempos de crisis.

Por supuesto, había una necesidad de asegurar que los ciudadanos tuvieran suficiente comida y refugios para vivir. Pero más allá de eso, y particularmente a medida que uno viaja más y más lejos de las grandes ciudades-estado en el Valle de México, la nobleza hacía poco esfuerzo para mejorar las vidas de los plebeyos. Los plebeyos eran los súbditos, y se esperaba que sirvieran de la manera que fuera más sensata para el señor y el imperio.

Los plebeyos

La vida de un plebeyo en la civilización azteca se dedicaba casi exclusivamente al trabajo. Desde el momento del nacimiento, los roles de género se asignaban a un niño; se esperaba que los hombres crecieran para ser guerreros y trabajasen en la misma ocupación que su padre, y que las niñas cuidaran de la familia cocinando, limpiando, tejiendo y teniendo hijos.

Debido a que se esperaba que un plebeyo azteca trabajara, eran introducidos a esta forma de vida desde una edad temprana. La evidencia del Codex Mendoza, una de las fuentes primarias más importantes de la época, indica que a la edad de cinco años, los niños ya llevaban leña y otros productos a los mercados cercanos y ya se había enseñado a las niñas a sostener el huso y el giro. A la edad de siete años, los niños capturaban peces y las niñas hilaban algodón.

Estas demandas se aplicaban a los niños a través de un sistema de amenazas y castigos. Los padres ordenaban a los niños aztecas que no estuvieran inactivos, ya que esto provocaría una mala conducta. Para dar un ejemplo, los niños de 8 años que fueran sorprendidos engañando a su padre serían perforados en el cuerpo con púas. Los niños mayores eran golpeados con palos si eran rebeldes. Hasta la edad de los 15 años, eran educados por sus padres principalmente en casa; después de esta edad, se dirigirían a la escuela para recibir capacitación adicional de acuerdo con su género y los roles relevantes que necesitarían cumplir.

Al igual que con casi todo en la antigua sociedad azteca, la escuela estaba dividida por clase. La escuela para plebeyos, conocida como *telpochalli*, se estableció para enseñar a los niños a cantar, bailar y usar instrumentos musicales (para los rituales). La mayoría de los niños también recibirían entrenamiento militar. El servicio era obligatorio para todos los hombres, por lo que, al completar su entrenamiento, la mayoría de los hombres entrarían en el ejército y serían enviados para apoyar la estrategia expansionista del imperio. La nobleza se educaba en el *calmecac*, donde se les enseñaba materias más avanzadas, como religión, escritura, matemáticas, etc.

El matrimonio también era una parte crítica del crecimiento. Por lo general, los padres u otros ancianos formaban parejas y, a la edad de 12 años, la mayoría de los aztecas estaban casados. A partir de entonces, los roles de género se hacían aún más pronunciados. Se esperaba que los hombres trabajaran fuera del hogar, típicamente en la agricultura. Cuando las estaciones cambiaban y la actividad agrícola se desaceleraba, la mayoría de los hombres aztecas serían expulsados de sus hogares. El servicio militar era obligatorio al igual que el trabajo. Si no se enviaba a los hombres a la guerra, se les enviaba a otro lugar para cultivar, probablemente a la tierra de un noble, ya que estas personas estaban exentas del servicio militar y laboral.

Las mujeres aztecas pasaban la mayor parte del tiempo cocinando y preparando la comida. También eran responsables de limpiar la casa, algo que se consideraba más un ritual que una tarea, y también de quemar incienso y mantener el altar de la casa. De esta manera, las mujeres desempeñaban un papel más importante que los hombres dentro del hogar.

Mientras que los deberes y las obligaciones ocupaban la mayor parte del tiempo de un plebeyo azteca, esto no predestinaba por completo su vida. Había muchas oportunidades para que un plebeyo avanzara e incluso posiblemente se uniera a la nobleza. La sociedad azteca fue creada para recibir este tipo de movimiento entre clases. Una de las razones principales de esto fue la forma en que se estructuraba la propiedad de la tierra en la sociedad azteca.

Técnicamente hablando, la tierra no podía ser propiedad individual. En cambio, era de propiedad colectiva bajo la dirección de los *calpulli*, el jefe. Cada hombre recibía derechos individuales para trabajar un pedazo de tierra. Tenían libertad para trabajar como quisieran, pero estaban obligados a pagar impuestos y tributos sobre la recompensa que recibían de la tierra. A cambio, se les permitía votar por el *calpulli* y podrían beneficiarse de los servicios públicos ofrecidos por el *calpull*, como templos más bonitos, acceso a agua dulce de acueductos y seguridad.

La tierra cultivable en el valle de México, sin embargo, era escasa. La mayor parte de las mejores tierras era la que tenía una línea costera con el lago Texcoco, y debido a esto, la gran mayoría de los ciudadanos aztecas vivían una vida urbana, dependiendo de las provincias para abastecer de bienes a las ciudades. Esto a su vez creó otra distinción en la sociedad azteca: provincial / urbana. Ambos pagaban impuestos, sin embargo, el azteca urbano estaba en una posición mucho mejor para beneficiarse de estos impuestos, ya que la mayoría de las mejoras se centraban en las áreas urbanas.

Si bien el uso de la tierra era un derecho de los plebeyos, tenía ciertos privilegios y beneficios, pero estos derechos no eran gratuitos. El derecho a utilizar la tierra estaba acompañado por la expectativa de que se utilizaría. Si pasaran más de dos años y la tierra permaneciera inactiva, el que tenía derechos para trabajar estaría sujeto a severas amonestaciones por parte de los *calpulli* y la comunidad en general. Después de varios años más de inactividad, estos derechos sobre la tierra podrían ser eliminados, dejando a ese hombre y su familia en la clase sin tierra, que gozaba de menos derechos y privilegios.

Si bien esto era una posibilidad, rara vez ocurría. El compromiso con la producción y la relativa autonomía del plebeyo contribuyeron al crecimiento de los aztecas en el centro de México, y son una gran razón por la que se convirtieron en la fuerza dominante de la región. Sin embargo, a medida que los aztecas avanzaban, cada vez se hacían más excepciones al requisito de mano de obra. Menos tierra y más trabajadores significaba que no se necesitaba a todas las personas para trabajar efectivamente la tierra. También ayudó a generar riqueza, lo que expandió la nobleza, diversificó la vida azteca urbana y creó más desigualdades económicas y sociales.

Esta estratificación se produjo en gran medida a través de cambios en los entendimientos tradicionales de propiedad y uso de la tierra. La idea de la propiedad común se erosionó con el tiempo, y se sabía que la nobleza tomaba tierra y asumía el control sobre ella, limitando la capacidad del común para acumular riqueza por sí mismo. Esta situación se intensificó como resultado del sistema de impuestos y tributos. Toda la población de una ciudad pagaba impuestos al imperio, y como no había dinero, esta obligación se pagaba en bienes. El tributo exigido a cada ciudad o área provincial fue determinado por las necesidades de la nobleza en ese momento, así como la disponibilidad de recursos. El tributo abarca desde telas, capas, maíz y aceites hasta plumas de loros y gemas preciosas.

Aunque el tributo fue variado, está claro que trajo una gran riqueza a México-Tenochitlan, fortaleciendo aún más el Imperio azteca. Una buena medida de la riqueza en ese momento es el *quatchtli*, que era el equivalente a 20 cargas de tela. Un *quatchtli* fue considerado el equivalente a un año de vida. En la cima de la reunión de tributos en México, alrededor de 100.000 *quatchili* fueron traídos a México desde ciudades-estado sometidas a los sistemas de tributos de Aztez, lo que significa que 100.000 vidas anuales se contabilizaron en la capital solo a través de tributos de tela.

Parte de la razón por la que estas recompensas de tributos crecieron tanto es que se establecieron en circunstancias hostiles. La conquista era una parte importante de la expansión azteca, y al establecer el dominio militar sobre una región particular, las negociaciones comenzaban entre los aztecas victoriosos y los conquistados. Dado que la amenaza de un conflicto renovado siempre era importante, los aztecas solían encontrarse en una posición ventajosa en la mesa de negociaciones, lo que les permitía imponer demandas extravagantes a los territorios recientemente ocupados y a sus ciudadanos.

La fuerza militar y un sistema productivo de tributos son las razones por las cuales el Imperio azteca pudo crecer tanto en tamaño como en influencia para convertirse en el jugador dominante en la región. Pero en muchos aspectos, fue una de las razones por las que eventualmente caería. La transición gradual de una sociedad donde a cada individuo se le otorgaba el derecho de trabajar un pedazo de tierra a uno que se esperaba que produjera grandes tributos para el imperio central, causó un gran resentimiento hacia el México-Tenochtitlán y la Triple Alianza.

La mediocridad de la vida cotidiana en el México tribal fue reemplazada lentamente. En su lugar llegó una vida en la que la mayoría de los esfuerzos de una ciudad o pueblo se dirigían a satisfacer las necesidades de los dignatarios y la élite imperial. El deseo de volver a la forma en que se manejaban las cosas a muchas poblaciones provinciales para apoyar a Cortés y a los españoles en su intento de destruir el Imperio azteca, era algo que desempeñaría un papel fundamental en el eventual triunfo europeo.

Sin embargo, a medida que el imperio se expandía, comenzaba a surgir una nueva clase que descansaría entre la nobleza y los plebeyos: los comerciantes. A medida que las ciudades y los pueblos se volvían más conectados, la demanda de bienes desde lejos, tanto para uso personal como para cumplir con el tributo, se expandía. Los plebeyos que podían comerciar con éxito bienes entre ciudades se hicieron bastante ricos.

Sin embargo, la ironía de esto reside en que esta riqueza permaneció en gran parte sin ser distribuida. A diferencia de la nobleza, los soberanos y los dignatarios que se esperaba que gastaran generosamente para defender su posición social, los comerciantes no estaban bajo tal presión. Tenían la libertad de ahorrar o gastar sus ganancias de la forma que consideraran adecuada. Ciertamente, vivían con mucho más confort y lujo que un plebeyo, pero de ninguna manera eran tan extravagantes como los de la clase dominante.

Esta clase de comerciantes crecería considerablemente en riqueza, poder e influencia a medida que avanzaba la civilización azteca, pero nunca representarían una amenaza seria para las clases altas. Y debido a que la riqueza acumulada por los comerciantes apenas se distribuía entre el resto de la clase común, seguían siendo un grupo relativamente pequeño dentro de la sociedad azteca.

Si bien es cierto que un plebeyo en los siglos XIV, XV y XVI de México con su capacidad para trabajar libremente en su propia tierra tenía un cierto grado de movilidad ascendente, la realidad más precisa es que la persona promedio dedicaba la mayor parte de su vida al trabajo y al servicio militar. Los hombres pasaban largos períodos de tiempo lejos del hogar, y las mujeres estaban restringidas al hogar. Este status quo fue aceptable durante algún tiempo, pero a medida que se creaban y profundizaban las desigualdades, el resentimiento hacia México-Tenochtitlán y la Triple Alianza se intensificaron, lo que resultó en el colapso de una de las civilizaciones más grandes, no solo en Mesoamérica, sino en todos los continentes americanos.

Los campesinos sin tierra

Entre los plebeyos y el rango más bajo en la sociedad azteca, los esclavos, era otra clase social que vale la pena mencionar: los campesinos sin tierra. La forma en que uno se queda sin tierra es difícil de discernir, especialmente porque formaba parte de la costumbre azteca de que a cada persona se le concediera un terreno para que pudiese pagar los impuestos y tributos necesarios que exigía el jefe local. Sin embargo, con una amenaza de guerra casi constante y con personas desplazadas a medida que sus pueblos y ciudades eran conquistados, esta clase sin tierra creció a medida que avanzaba el imperio.

Estos individuos estaban destinados esencialmente a un estilo de vida nómada; es decir, hasta que pudieran encontrar un noble dispuesto a acogerlos. Los nobles casi siempre buscaban manos extra para trabajar en su tierra, a menudo muy productiva. Un noble podría recibir a un campesino sin tierra y permitirle trabajar a cambio de una renta, que generalmente era una parte de los bienes que producía, o trabajo adicional.

Sin embargo, es importante saber que ser admitido por un noble no otorgaba a un campesino sin tierra los mismos derechos que tenían los demás miembros de la tribu. Por ejemplo, no se les permitió votar en ninguna de las elecciones de la ciudad. Pero había algo de justicia en este arreglo. Aunque no podían votar, los sin tierra no le debían nada al pueblo. No pagaban impuestos y estaban exentos del servicio y las obligaciones militares. Esencialmente, estaba en deuda solo con los nobles que lo habían acogido y le habían dado un lugar para vivir y trabajar.

Los esclavos

La clase social más baja en la sociedad azteca fue, como es el caso en casi todas las civilizaciones, la de los esclavos. Si bien la vida del esclavo no era en absoluto cómoda y lujosa, era mucho mejor que las formas de esclavitud que vendrían a las Américas con la formación de las colonias europeas. De hecho, los relatos de los exploradores y conquistadores españoles muestran la sorpresa de los recién llegados en cuanto al trato bastante benévolo de los esclavos.

En la superficie, la esclavitud azteca es muy similar a otras formas de esclavitud presentes a lo largo de la historia. Un esclavo pertenecía a un hombre y estaba obligado a completar el trabajo que le había dado ese hombre. A cambio, era vestido, alojado y alimentado. Los hombres trabajaban como jornaleros o sirvientes, mientras que las mujeres hilaban o tejían ropa. Muchas esclavas también servían de concubinas a sus amos.

Sin embargo, más allá de esto, la esclavitud azteca comienza a diferir mucho de la versión de esclavitud que surgiría después de que los españoles llegaran y conquistaran a los aztecas, que serían mucho más duros y mucho más castigadores que cualquier cosa que existió durante los tiempos aztecas. Una de las diferencias más impactantes es que a los esclavos aztecas se les permitía poseer bienes, ahorrar dinero, comprar tierras e incluso podrían comprar otros esclavos para ayudarlos a trabajar en estas tierras si tuvieran el dinero para hacerlo. A un esclavo también se le permitía casarse con una mujer libre. Era una práctica relativamente común que una viuda se casara con uno de sus esclavos, convirtiendo a este esclavo en el jefe de la casa. Todos los hijos que tuvieran nacerían libres, al igual que los hijos nacidos de dos esclavos. Uno no podría nacer en esclavitud.

Y a diferencia de lo que se ve a menudo en otras sociedades, los hijos de esclavos no eran excluidos de la sociedad. De hecho, había poco o ningún estigma asociado a nacer de padres esclavos. Itzcoatl, uno de los más grandes emperadores de la historia azteca, era hijo de una esclava. Este estado de ninguna manera afectó su capacidad para ascender en la escala social para asumir una posición de gran estatus y responsabilidad.

Además, la esclavitud no era un estado perpetuo. Había varios caminos muy realistas que un esclavo podía tomar para ganarse su libertad. Por ejemplo, los esclavos eran liberados al morir su amo. No se podían pasar a otro propietario como parte de una herencia.

Los esclavos podían venderse, pero existía una forma de obtener su libertad antes de ser transferidos a otro propietario. En la subasta, eran libres de salir corriendo. Nadie, excepto el amo y el hijo del amo, podrían perseguirlos. Si alguien más los perseguía, el castigo era la esclavitud. Si el esclavo pudiera escapar y llegar al palacio o enclave real cercano, se les otorgaría su libertad de inmediato. Los emperadores también tenían la oportunidad de liberar esclavos. Montezuma II, por ejemplo, fue famoso por emancipar grandes cantidades de esclavos mientras estaba en el poder.

Los esclavos también tenían la oportunidad de comprar su propia libertad. Podrían hacerlo devolviendo a su amo el precio que pagó por ellos. O, en algunos casos, podrían ganarse su libertad encontrando a alguien que ocupara su lugar por ellos. A los hermanos y hermanas se les permitía servir bajo el mismo amo, y las familias se dividían con poca frecuencia. A menudo, una de las imágenes más ásperas de la esclavitud europea es de familias destrozadas para ser vendidas a diferentes amos.

Por supuesto, la esclavitud es esclavitud, pero en el Imperio azteca, fue una versión de esclavitud decididamente más suave que lo que se vio en otros lugares a lo largo de la historia, especialmente en comparación con lo que vendría al Valle de México después de la invasión, la conquista y la colonización española.

En la sociedad azteca, una persona puede convertirse en esclava de diferentes maneras. Los prisioneros de guerra solían ser sacrificados, pero los que no lo eran solían ser vendidos como esclavos. Algunas ciudades-estado requerían a los esclavos como tributo y las ciudades que pagaban tal tributo usualmente buscarían fuera del imperio para que las personas se entregaran a la nobleza.

La esclavitud también era un castigo para algunos delitos. El sistema de justicia azteca no lidió con castigos largos, y eligió castigos más inmediatos y, a menudo, más severos para ciertos delitos. Por ejemplo, si un hombre era sorprendido robando, se vería obligado a trabajar como esclavo de la institución o persona que robó durante un período de tiempo acordado como equivalente al valor de lo que haya sido robado. La única manera de evitar este trabajo forzoso sería pagarle al noble o al templo el valor total de lo que había robado. Como pocos podían hacer esto, la mayoría de los ladrones terminaban en esclavitud en algún momento u otro.

Sin embargo, la razón más importante por la cual una persona terminaría siendo esclava en la sociedad azteca era por elección personal. Borrachos que no podían mantener su tierra (o que estaban a punto de quitársela debido a que permanecían ociosos durante demasiado tiempo), adictos al juego *patolli*, prostitutas que ya no deseaban permanecer en la profesión y deudores que no podrían pagar, entre otros, sacrificarían su libertad de manera rutinaria como una forma de asegurarse de que pudieran llenar sus estómagos y tener un techo sobre su cabeza.

Se convirtió en una práctica común en todo el Imperio azteca el hecho de que las familias entregaran a uno de sus hijos como esclavo como pago de una deuda. Cuando este hijo fuera mayor de edad y pudiera casarse, la familia lo reemplazaría por otro hijo. Este arreglo continuaría hasta que se acordara que la deuda había sido pagada. Si el esclavo falleciera antes de que se completara el pago, la deuda se cancelaría. Por lo tanto, los esclavos que eran pagos de deudas a menudo eran tratados excepcionalmente bien.

Otra diferencia importante entre la esclavitud azteca y la esclavitud europea era que la venta de esclavos no era común e incluso estaba estrictamente regulada. Si un amo ya no era capaz de pagar por todos sus esclavos, entonces él podría intercambiarlos. A menudo, esto implicaría que el esclavo saliera y tratara de encontrar el mejor arreglo para su amo, lo que significaba que no era raro encontrar esclavos que viajaran de forma independiente a través del campo, algo que no se conocía en otras instituciones de esclavitud colonial. Los esclavos también podían venderse cuando se los consideraba inactivos o viciosos. Si el amo podía probar que le había dado al esclavo tres advertencias para que cambiara su conducta y, aun así, el esclavo todavía se negaba a trabajar, entonces se le permitía al amo ponerlo en un collar de madera y llevarlo al mercado para venderlo. Sin embargo, esto no era muy común y solo ocurría en las circunstancias más raras.

Además, los esclavos estaban exentos de pagar impuestos o servir en el ejército. Su único deber era para con su amo, y si un esclavo podía ganarse su libertad, entonces solo estaban en deuda con ellos mismos.

La naturaleza de la esclavitud azteca habla de la fluidez de la sociedad azteca. Si bien es cierto que las clases sociales dividieron a las personas en diferentes grupos según la riqueza, el poder y el privilegio, no había nada que se interpusiera en el camino de alguien que iba desde un esclavo hasta la nobleza. Uno podría ganarse su libertad, asociarse con una ciudad, trabajar y acumular la riqueza y la influencia necesaria para alcanzar una posición más alta en el imperio. Esto, como toda movilidad social, era realmente la excepción en lugar de la norma. Y, como era de esperar, la esclavitud se hizo más prominente en los últimos períodos del Imperio azteca. A medida que la conquista militar se hizo más y más importante, y a medida que más y más tribus fueron forzadas bajo el gobierno azteca, el número de personas puestas en esclavitud aumentó. Este tipo de estratificación social, aunque útil para ayudar al crecimiento del imperio, eventualmente sería una de las desventajas del imperio y es una de las razones por las que era tan vulnerable cuando Cortés y su expedición llegaron al Valle de México en 1519.

Capítulo 6 – La agricultura y la dieta

Para apoyar el tamaño y la expansión del Imperio azteca, que en el momento de la invasión española totalizaba entre 3 y 4 millones de personas, la agricultura debía desarrollarse para poder proporcionar alimentos suficientes para todas estas personas.

Como es el caso en la mayoría de las culturas mesoamericanas, los aztecas no podrían haber llegado a su posición final de dominancia = sin maíz. El maíz es especial por una variedad de razones. Primero, puede crecer en una amplia gama de condiciones de suelo y clima. Se sabe que en Mesoamérica han surgido algunas variedades que se adaptaron específicamente a las condiciones de esa región. Además, el maíz puede ser almacenado. En años de abundancia, las siembras se pueden dejar secar. Luego, cuando se necesitan, pueden regarse y consumirse.

El siguiente alimento básico por debajo del maíz en la dieta azteca fueron los frijoles. La carne no era común en Mesoamérica, lo que ha llevado a algunos a cuestionar la salud nutricional de los aztecas. Pero una dieta llena de maíz y frijoles puede, de hecho, suministrar al cuerpo todos los 11 aminoácidos. Esta designación como "proteína completa" es lo que hace que la carne sea tan importante en la dieta. Pero hay otras formas de adquirir estos nutrientes, que los aztecas parecen haber sido capaces de hacer a gran escala.

El alimento esencial en la cultura azteca, y en gran parte de Mesoamérica hoy, es la tortilla. Estas se hacen mojando primero el maíz en una solución alcalina, generalmente agua mezclada con piedra caliza. Si bien esto se hace por sabor, resulta que este proceso también es útil para liberar aminoácidos adicionales que se encuentran dentro del maíz y que el cuerpo no puede alcanzar por sí solo. Después de que el maíz se haya mojado, se tritura en una masa, se convierte en tortillas planas y se cocina en un horno de arcilla. Se pueden consumir al momento o más tarde. Esto hacía de las tortillas una excelente opción para los hombres que necesitaban viajar lejos por trabajo o para cumplir con su servicio a la nobleza.

Mientras que el maíz y los frijoles representan la mayor parte de la dieta (se comían en casi todas las comidas), la dieta azteca se complementaba con frutas y verduras, como el aguacate, el tomate y el nopal, la fruta de nopal. Los chiles se encuentran frecuentemente en los alimentos aztecas tradicionales y ayudaban a infundir a las personas aztecas las vitaminas A y C, así como la riboflavina y la niacina.

Insectos y gusanos también eran fuentes importantes de proteínas. Otras fuentes de proteínas provienen de las plantas. Por ejemplo, cuando llegaron los españoles, notaron que las mujeres aztecas recolectaban algas de espirulina del lago y las convertían en pasteles y panes. Los extranjeros despreciaban este alimento, pero los aztecas lo apreciaban por su contenido de proteínas y también por sus propiedades medicinales. Los perros, pavos y patos eran los únicos animales domesticados en el mundo azteca, pero se utilizaban con poca frecuencia para la carne. La carne de animales más grandes, como las vacas o los cerdos, era prácticamente inexistente en la dieta azteca.

Para que estos cultivos básicos, frutas y verduras estuvieran ampliamente disponibles en todo el imperio, era importante que la agricultura azteca se adaptara para poder satisfacer la mayor demanda. En general, existen dos tipos diferentes de agricultura: extensiva e intensiva. La agricultura extensiva es pasiva. El riego se realiza con nada más que lluvia, se usa poco o ningún fertilizante, y los agricultores pasan muy poco tiempo desyerbando su parcela. La ventaja de la agricultura extensiva es que requiere muy poco trabajo humano. Pero la principal desventaja es que produce pequeños resultados. En la era azteca temprana, la agricultura extensiva era suficiente, pero a medida que la población se expandía, se hizo necesario adoptar formas de agricultura más intensivas.

La agricultura intensiva recibe su nombre porque es la práctica de trabajar intensivamente un pedazo de tierra para poder maximizar su rendimiento. Los cuatro tipos principales de agricultura intensiva azteca fueron: riego, terrazas, campos elevados y huertos familiares.

La irrigación es el proceso de redireccionar el agua dulce hacia un campo para ayudar a estabilizar el flujo de agua y dar a los cultivos la oportunidad de crecer más rápido. En el centro de México, donde las precipitaciones se producen solo durante la temporada de lluvias, el riego permitió que los aztecas pudieran extender la temporada y también comenzar a regar los cultivos antes de que llegasen las lluvias. Esto les dio una ventaja y les permitió crecer por más tiempo. creando mayores rendimientos que podrían alimentar poblaciones más grandes.

El riego se utilizaba siempre que era posible en el centro de México. Sin embargo, se observaba en mayor grado en el área que ocupa el estado actual de Morelos. Esto es significativo porque muchas de las ciudades en esta área eran las más avanzadas del imperio. La mayoría de los académicos están de acuerdo en que el uso generalizado del riego se produce cuando existe una autoridad central capaz de organizar la mano de obra y administrar los recursos. Cuando los españoles llegaron al valle de México, los aztecas habían aprovechado casi todas las fuentes de agua dulce disponibles. Una mayor intensificación hubiera requerido una coordinación adicional tanto del trabajo como de los recursos de una autoridad central, lo que puede ayudar a explicar por qué los campos irrigados se consolidaron en las partes más prósperas y burocráticas del imperio.

El terraplenado fue otro aspecto importante de la agricultura azteca. Dado que el Valle de México es una región de colinas y montañas, los lugares donde se puede irrigar y cultivar la tierra de forma intensiva son bastante limitados. Las terrazas permitieron a las ciudades y pueblos aprovechar al máximo sus tierras, convirtiendo colinas y montañas en tierras cultivables. La mayoría de las terrazas se hicieron con piedra, pero en algunas áreas donde las pendientes eran menos dramáticas, los agricultores aztecas podían usar plantas trituradas para formar un sólido similar al lodo.

Otro sello distintivo de la agricultura azteca fueron los campos elevados. Muchas de las ciudades-estado que se asociarían con los aztecas vivían en zonas donde los pantanos y las marismas dominaban el paisaje. Para aprovechar al máximo esta tierra, los trabajadores aztecas cavarían una zanja cerca del pantano para drenar el agua. Luego, llevarían lodo y escombros del pantano y lo usarían para rellenar las áreas donde el agua se había drenado. Esto crearía una parcela de tierra sólida que podría ser usada para cultivo.

Estos campos se conocen como *chinampas* y eran conocidos por ser bastante productivos. El lodo y los escombros utilizados para crear el suelo eran materiales orgánicos ricos en todos los nutrientes necesarios para el cultivo. Y como estos campos se construyeron sobre un pantano, había un suministro constante de agua. Además, la mayoría de los pantanos y pantanales se encontraban en la parte sur del Valle de México, que era más cálido y tenían menos riesgo de heladas que muchas otras partes del valle. Estos tres factores hicieron que las *chinampas* se convirtieran en componentes altamente productivos del sistema agrícola azteca. También permitieron la diversificación de cultivos, ya que en la mayoría de las *chinampas* se podían plantar varios cultivos cada año.

El último tipo de agricultura intensiva utilizada en la era azteca fue la jardinería doméstica. Este fue el proceso de usar la tierra en la que vivía una familia para producir alimentos y otros bienes. La mayoría de la evidencia del período sugiere que esta era una práctica común para un ciudadano típico azteca. Los cultivos se fertilizarían con material orgánico del hogar y los miembros de la familia compartirían los deberes de desherbar y cosechar. La productividad de estas parcelas variaba en gran medida según el tamaño del lote y la cantidad de miembros de la familia disponibles para trabajar.

Ninguno de estos métodos de agricultura intensiva era nuevo en Mesoamérica. Habían sido utilizados de una forma u otra durante cientos de años antes de los aztecas. Sin embargo, lo que era exclusivo de los aztecas era la medida en que se usaban estos métodos. La gran mayoría del Valle de México ha sido irrigada o aterrazada en algún momento, y si uno viaja al estado moderno de Morelos, todavía hay *chinampas* en uso o en exhibición para el turismo.

En general, los aztecas lograron expandir la agricultura para satisfacer las necesidades de una población que superaba los tres millones, pero no habían llegado los españoles; vale la pena preguntarse cuánto tiempo habrían durado. La tierra cultivable era escasa y la mayor parte del agua dulce ya estaba en uso. Es imposible saber "qué hubiera pasado si", pero está claro que los aztecas habían aprovechado la máxima capacidad de la tierra que ocupaban.

Capítulo 7 – La religión

La religión jugó un papel importante en la vida de los líderes y ciudadanos aztecas. Crear una lista de todas las diferentes ideologías y deidades dentro de la religión azteca es esencialmente imposible. Esto es en gran parte porque no hay una religión azteca. En cambio, los aztecas combinaron una amplia gama de creencias e ideas de otras culturas mesoamericanas, específicamente los mayas y los toltecas. Sin embargo, hay algunas características definitorias de la religión azteca que ayudan a arrojar algo de luz sobre cómo podría haber sido la vida en el México del siglo XV.

La creación, la vida, la muerte y los cuatro soles

Los aztecas creían que la Tierra en la que estamos viviendo es, de hecho, la quinta Tierra que ha existido. Estas Tierras, o "soles", fueron creadas por los dioses y dejaron de existir en el día que se había predeterminado según la fecha en que fueron creadas. Los seres humanos existían en cada uno de estos soles, pero fueron eliminados por completo por una catástrofe. Esta noción llegaría a definir la religión azteca y también la forma de vida azteca. Esencialmente, creó la idea de que la vida en la Tierra estaba en constante peligro. Si el sol actual en el que vivía la gente no recibía todo su alimento, entonces los aztecas creían que podría dejar de existir y que serían eliminados de la existencia, como cuando se destruyeron los soles anteriores.

El primer sol se llamaba Nahui-Ocelotl, que se traduce como 4-Jaguar. Se eligió este nombre porque se creía que en el primer sol los seres humanos eran destruidos por los jaguares. El segundo sol llegó a su fin debido a Nahui-Ehecatl, o 4-Viento. La creencia era que un huracán mágico convirtió a todas las personas en la Tierra en monos. El tercer sol, Nahui-quiahuitl, 4-Lluvia, terminó cuando Tlaloc, el dios de la lluvia y el trueno, desató una lluvia de fuego sobre la Tierra. Por último, el cuarto sol, Nahui-Atl, 4-Agua, terminó en una inundación que duró 52 años. Se dice que solo un hombre y una mujer sobrevivieron a esta inundación, y fueron rápidamente convertidos en perros por el dios Tezcatlipoca porque desobedecieron sus órdenes.

El quinto sol, que representa a la humanidad actual, fue creado por Quetzalcóatl, el dios de la Serpiente de las plumas. La leyenda habla de que Quetzalcóatl roció su sangre sobre los huesos secos de los muertos, lo que a su vez ayudó a que los huesos cobraran vida y crearan a la humanidad como hoy la conocemos. Este sol actual se llama Nagui-Ollin, o 4-Terremoto, porque supuestamente está condenado a desaparecer en un terremoto gigante en el que los monstruos de esqueleto del oeste, el *tzitzimime*, vendrán para matar a todas las personas.

Los aztecas creían que dos seres primordiales eran responsables de la creación de la vida y de todos los seres vivos, incluidos los dioses. Eran Ometecuhtl, el Señor de la Dualidad, y Omeciuatl, la Dama de la Dualidad. Esta Tierra existe entre 13 cielos, que están por encima de la Tierra, y 9 infiernos, que se encuentran debajo de la superficie de nuestro mundo. Estos creadores supremos viven en el cielo 13, y aunque en gran parte se han retirado de la administración del mundo, todavía son responsables de toda la creación y la muerte.

Los descendientes del Señor y la Señora de la Dualidad fueron los dioses responsables de la creación de esta Tierra. La historia en la religión azteca es que los dioses se habían reunido en Teotihuacán en el crepúsculo, y un dios se lanzó al fuego como un sacrificio. Cuando salió del fuego, se había transformado en un sol. Sin embargo, él no podía moverse. Necesitaba sangre para romper su ociosidad, que los otros dioses proveían voluntariamente sacrificándose. La vida se creó esencialmente a partir de la muerte, una ideología que estaría en el centro de la religión y el pensamiento azteca a lo largo de su período de dominio en el Valle de México.

Las creencias aztecas en la vida después de la muerte son bastante sombrías en comparación con otras culturas y religiones. Según la tradición azteca, cualquier persona que muriera de lepra, hidropesía, gota o enfermedades pulmonares era enviada al viejo paraíso del dios de la lluvia Tlaloc porque se creía que él había sido el motivo de su muerte. Debido a esta selección especial de uno de los dioses, las almas de estos individuos eran enviadas al paraíso.

Después de eso, había dos categorías principales de personas que subían a los cielos con el sol cuando morían. Estas dos categorías eran: guerreros que morían en batalla o que eran sacrificados y los mercaderes que eran asesinados en tierras lejanas, y mujeres que morían dando a luz a su primer hijo.

El resto de la gente era enviada a Mictlan, la tierra de los 9 infiernos que existen debajo de la Tierra. Se dice que se tardaba cuatro años en viajar a través de los 9 infiernos, y una vez que finalmente llegaban allí, desaparecerían por completo. De vuelta en la Tierra, los antepasados darían ofrendas 80 días después de la muerte de alguien, y luego en cada aniversario de su muerte durante los próximos cuatro años. Después del cuarto año, se rompía la conexión entre los vivos y los muertos.

Esta versión de la realidad es sin duda impactante para los lectores de hoy en día, pero ayuda a comprender mejor a los aztecas y su forma de vida. Dos temas importantes emergen de esta historia de la creación. La primera es que los aztecas creían que el mundo estaba en constante peligro. Cuatro mundos habían sido creados antes de este, y no hay razón para creer que este mundo no sufrirá el mismo destino.

La otra versión de la historia de la creación azteca es la importancia de la sangre para mantener vivo este mundo. Desde que el primer dios que se lanzó al fuego se convirtió en un sol pero no podía moverse hasta que recibió la sangre de los otros dioses, los aztecas sintieron que su principal deber era proporcionar sangre a la Tierra para que continuara moviéndose y defenderse de su muerte inminente. Y la versión azteca de lo que sucede después de la vida servía para reforzar esta idea. Nada los esperaba después de la muerte, por lo que la única motivación para vivir era proporcionar sangre para la existencia continua de esta Tierra. Esta es la razón principal por la que el sacrificio humano se convirtió en un aspecto tan esencial de la religión y el estilo de vida azteca, y también por la razón de que la guerra era una parte tan integral del funcionamiento y la gestión del Imperio azteca.

Sacrificio humano

Quizás algunas de las imágenes más influyentes de los aztecas que han salido de Hollywood y de otros medios de la cultura pop son las de un sacerdote azteca, que se encuentra en la punta de uno de sus templos piramidales, sosteniendo el corazón de una persona que acaba de ser sacrificada. Esta imagen no refleja la totalidad del Imperio azteca. Pero sería un error minimizar la importancia de esta práctica para los aztecas y el papel que desempeñó en las decisiones del día a día de casi todos en el imperio, desde el soberano hasta el esclavo.

Dado que el destino de la Tierra dependía de que las personas la alimentaran con sangre todos los días, los aztecas creían que la vida en sí también requería sangre. Negar a la Tierra la sangre que necesitaba para sobrevivir sería matar toda la vida que vivió en la Tierra y, finalmente, la Tierra misma. Debido a esta perspectiva, el sacrificio se convirtió en un deber esencial para casi todos los aztecas.

Los sacrificios se llevaban a cabo de diferentes maneras. Lo más común era que tuvieran lugar en un templo. La víctima estaba tendida de espaldas sobre una piedra circular. Esto dejaría su torso expuesto a los cielos con la cabeza y los pies cerca del suelo. Cuatro sacerdotes serían responsables de sostener al súbdito, y cuando lo aseguraran, un quinto vendría con un cuchillo de pedernal para cortar su pecho y arrancarle el corazón sangrante.

Otra forma de sacrificio se asemeja a la tradición de los gladiadores en la antigua Roma. Primero, la víctima tenía una piedra enorme atada a su pierna para frenarle y limitar su movimiento. Luego se le entregarían armas de madera y se le enviaría a luchar contra aztecas armados con armas normales. Era una pelea injusta por decir lo menos, y generalmente terminaba con el súbdito para ser sacrificado sangriento y herido. Luego lo llevarían a una piedra donde los sacerdotes realizarían una ceremonia similar a la de otras víctimas sacrificiales. Sin embargo, cuando el sacrificio se llevaba a cabo de esta manera, existía la posibilidad de que la víctima pudiera escapar. De tener éxito en luchar contra los guerreros aztecas, entonces se evitarían el sacrificio. Sin embargo, esto rara vez sucedía dada la posición desventajosa del cautivo.

Había otras formas de sacrificar a las personas además de cortar su corazón. Las mujeres eran sacrificadas en nombre de la diosa de la Tierra, y esto se hacía cortando sus cabezas sin sospechar mientras bailaban. Para hacer ofrendas a Tlaloc, el dios de la lluvia, ahogaban a los niños y los sacrificios al dios del fuego se hacían arrojando a la gente al fuego. Para honrar al dios Xipe Totec, los cautivos eran atados, disparados con flechas y luego desollados. Era una práctica común vestir a los que se sacrificarían a imagen de los dioses. De esta manera, cuando se derramaba sangre, era la sangre de un dios que se ofrecía, lo que refleja la forma en que los aztecas entendían la creación de la Tierra y todos los seres vivos que la ocupan.

Este compromiso con el sacrificio humano tuvo un impacto considerable en el curso general del Imperio azteca en una variedad de formas diferentes. Primero, creó la necesidad de una guerra casi constante. La expansión inicial de las ciudades-estado aztecas crearon un gran área de comunidades pacíficas. No habría sido sostenible para los sacerdotes y gobernantes recurrir a su propio pueblo para sacrificar súbditos. Pero la necesidad de calmar la sed de los dioses se mantenía, razón por la cual la mayoría de las ciudades-estado aztecas estaban constantemente en guerra. Fue una fuente de gran orgullo para los guerreros que tomaron parte en estos conflictos poder traer a los cautivos a casa para sacrificarlos a los dioses. Debido a esto, las batallas con los aztecas a menudo parecían bastante extrañas. Muchos de los guerreros intentaban matar a la menor cantidad de personas posible, esperando en cambio llevar a los prisioneros con ellos, ya que esto les daría gloria y respeto.

La otra forma en que la práctica del sacrificio afectaba a la civilización azteca era en la forma en que hizo aparecer a los españoles cuando finalmente establecieron contacto con la civilización del "Nuevo Mundo". Si bien los españoles no eran santos, la imagen de las personas a quienes se les arrancaba el corazón del pecho mientras se inclinaban sobre una piedra era algo difícil de soportar para los recién llegados. Fue por esto que los colonos españoles llegaron a ver a los dioses aztecas como demonios y a la religión azteca como algo del mal. Esto inculcó en ellos la responsabilidad de librar a México y su gente de estos malos caminos.

Si bien la idea del sacrificio humano parece cruel para los que estamos armados en retrospectiva, no sería prudente juzgar a toda la sociedad azteca en base a esta práctica. De hecho, era violento, pero también estaba en línea con su visión del mundo y lo que se necesitaba para preservar su existencia. Las civilizaciones a lo largo del tiempo, incluyendo el presente, han encontrado diversas razones y métodos para matar a grandes cantidades de personas al mismo tiempo. Podemos mirar hacia atrás y cuestionar las prácticas de los aztecas, pero al hacerlo, es importante también observar lo que se está haciendo actualmente que puede verse con el mismo nivel de conmoción y asombro por parte de alguien que llega del exterior.

Los dioses

Está claro que la vida azteca estaba muy centrada en la religión. El principio central de casi toda su expansión militar y civil era asegurarse de que los dioses estuvieran satisfechos y que la Tierra tuviera la sangre que necesitaba para continuar existiendo. Además, uno de los principales deberes de cualquier soberano, dignatario o noble era proteger el templo local para que los dioses pudieran recibir la adoración que se les debía.

La práctica de las religiones formales tenía dos formas: sacrificios humanos y ceremonias que tenían lugar en los templos, y adoración en casa. La mayoría de las ciudades y pueblos tenían un dios protector al que estaban dedicados, y los plebeyos establecían altares en sus hogares con los ídolos de estos dioses para que pudieran adorarlos cuando lo consideraran oportuno. Una de las responsabilidades que las mujeres asumieron como amas de casa era encender el incienso, mantener la casa limpia para los dioses y asegurarse de que el altar se mantuviera lo suficiente, así como reunir ofrendas para cualquiera que haya muerto en los cuatro años anteriores.

Pero, ¿quiénes eran exactamente estos dioses? ¿Cómo entendieron los aztecas lo sobrenatural? Como se desprende de las diversas historias de creación y las razones del sacrificio, los aztecas tenían muchos dioses, casi demasiados para contarlos. Se creía que todos los dioses descendían del mencionado Señor y Señora de la Dualidad. Pero estos dioses estaban muy alejados de la administración real del mundo azteca. En cambio, el Señor y la Señora de la Dualidad se sentaron en el cielo 13, creando dioses, humanos y Tierras como lo consideraron oportuno.

Muchos de los dioses aztecas son manifestaciones de otros dioses aztecas, aunque en formas diferentes, pero muchos otros se destacan por sí mismos como deidades separadas. Entonces, aunque es imposible compilar una lista de todos los dioses que adoraban los aztecas, es posible reducir la lista a unos pocos dioses principales que formarían la base de la religión azteca.

Quetzalcóatl

La historia de Quetzalcóatl, uno de los dioses más importantes de la religión azteca, es vital tanto para el origen como para la eventual desaparición de los aztecas. Los aztecas tenían sus raíces en el pueblo tolteca del norte de México. En esta cultura, Quetzalcóatl era el sacerdote-rey de Tula, la capital tolteca. Como gobernante, Quetzalcóatl nunca ofreció víctimas humanas para el sacrificio, eligiendo en cambio derramar la sangre de serpientes, pájaros y mariposas. Sin embargo, fue expulsado de Tula por otro dios tolteca, Tezcatlipoca. Cuando esto sucedió, Quetzalcóatl comenzó a vagar hacia el sur. Después de caminar a lo largo del "agua divina" (el Océano Atlántico), Quetzalcóatl se suicidó y emergió como el planeta Venus (otra conexión entre la destrucción y la creación).

Hay razones para creer que alguna versión de estos eventos realmente sucedió. Las primeras civilizaciones toltecas practicaban la teología y se centraban en una vida pacífica y no violenta. Sin embargo, los gobernantes responsables de difundir esta cosmovisión fueron derrocados por una aristocracia militar con una perspectiva decididamente más militarista. Los viajes de Quetzalcóatl al sureste podrían referirse a la invasión de Yucatán por parte de los itza, una tribu que estaba estrechamente asociada a los toltecas.

Una de las conexiones más significativas entre Quetzalcóatl y la historia, sin embargo, se refiere a la eventual caída y destrucción del Imperio azteca. La leyenda decía que Quetzalcóatl regresaría de su viaje en un año de 1 Caña (consulte la descripción del calendario a continuación). El año 1519, cuando Hernán Cortés y su equipo de conquistadores llegaron a la costa del Golfo de México fue, de hecho, un año de caña. Esto llevó al gobernante de los aztecas en ese momento, Moctezuma, a considerar la llegada de los españoles como algo divino. Pensó que los recién llegados podrían ser la encarnación de Quetzalcóatl, y esto hizo que los recibiera con los brazos abiertos.

Obviamente, esto demostró ser un error fatal, ya que el Imperio azteca se derrumbaría pocos años después de su primer contacto con los españoles.

Quetzalcóatl representó muchas cosas para muchas personas diferentes. Primero fue concebido para ser el dios de la vegetación, o de la tierra y el agua. En este sentido, estaba estrechamente relacionado con Tlaloc, el dios de la lluvia. Después de un tiempo, el culto de Quetzalcóatl comenzó a venerarlo como un cuerpo celestial, vinculándolo con la estrella de la mañana y la de la tarde. Durante el mejor momento de los aztecas, Quetzalcóatl fue el patrón de los sacerdotes, el inventor del calendario y los libros, y el protector de los orfebres y otros artesanos. Y también estaba estrechamente relacionado con el planeta Venus. A Quetzalcóatl también se le atribuye el traer vida a esta Tierra. Él fue el que viajó a Mictlan para recoger los huesos de los muertos. y usó su sangre para darles vida, enfatizando aún más el papel de la sangre y el sacrificio en la creación de la vida.

Huitzilopochtli

Huitzilopochtli, o Uitzilopochtli, como a veces se deletrea, es, junto con Tlaloc, una de las dos principales deidades en la religión azteca. Considerando que Huitzilopochtli era el dios del sol y la guerra, no debería sorprender que ocupara una posición tan prominente en la religión azteca. Los aztecas creían que los guerreros volverían a la Tierra como colibríes, y esta es la razón por la que Huitzilopochtli se representa a menudo en pinturas y esculturas como tal.

Parte de la razón por la que Huitzilopochtli ocupa un papel tan prominente en la religión azteca es que se le atribuye la guía del viaje que los aztecas hicieron desde Aztlán, su hogar tradicional en el norte de México, hasta el valle de México. Los sacerdotes que iban en esta expedición llevaban estatuas e ídolos en forma de colibrí.

Se dice que por la noche aparecería Huitzilopochtli y daría órdenes a los viajeros sobre dónde podrían encontrar un lugar adecuado para establecerse. Fue Huitzilopochtli quien les informó sobre el nopal y el águila que marcarían el lugar del asentamiento de Tenochtitlán. Debido a esto, uno de los primeros proyectos de construcción que se llevó a cabo en la nueva ciudad fue un santuario de Huitzilopochtli. Este santuario se convertiría más tarde en un templo y fue ampliado por cada gobernante hasta 1487 cuando el emperador Ahuitzotl construyó otro templo más grande dedicado al dios.

Si bien se consideró que el sacrificio humano era necesario para apaciguar a todos los dioses, tuvo un papel prominente en la adoración azteca de Huitzilopochtli. Ya que él era el dios del sol, y como los soles requieren que exista sangre, era importante que Huitzilopochtli recibiera una cantidad adecuada de sangre cada día. Si no lo hizo, entonces los aztecas creían que estarían poniendo a todo su mundo en riesgo de aniquilación total. Dado que los aztecas creían que las personas eran hijos del sol, consideraban que era su responsabilidad proporcionar la sangre para que Huitzilopochtli y el sol siguieran existiendo.

Otra forma de ver la importancia de Huitzilopochtli en la religión azteca fue la forma en que organizaron al clero. El sumo sacerdote de Huitzilopochtli, junto con el de Tlaloc, el dios de la lluvia, era la cabeza de todo el clero azteca. Un mes completo del calendario del año ritual era dedicado solo a Huitzilopochtli. Estas ceremonias involucrarían a guerreros que bailaban frente al templo del Dios día y noche. Los prisioneros de guerra y algunos esclavos eran bañados en un manantial sagrado antes de ser sacrificados. Además, una imagen gigante de Huitzilopochtli estaba hecha de maíz, que luego fue matada ceremoniosamente, con el maíz dividido entre los sacerdotes y los novicios. Si uno consumía el cuerpo de Huitzilopochtli, entonces se esperaba que lo sirvieran durante al menos un año, aunque la mayoría de la evidencia sugiere que los sacerdotes extenderían esta obligación de servicio voluntariamente.

Huitzilopochtli fue, de lejos, uno de los dioses más importantes de la religión azteca. Su conexión con la guerra y el vínculo directo entre su apaciguamiento y el sacrificio humano ayudaron a configurar la forma en que el mundo azteca se desarrollaría y expandiría por todo el Valle de México.

Tlaloc

Junto a Huitzilopochtli en la jerarquía divina está Tlaloc, el dios de la lluvia azteca. La palabra Tlaloc se traduce del náhuatl y significa "aquel que hace brotar las cosas". Tlaloc solía representarse como un hombre con una máscara peculiar, ojos grandes y largos colmillos. Se utilizaron representaciones similares para el dios de la lluvia maya, Chac, lo que sugiere una relación cercana entre los dioses adorados durante el período maya y azteca.

La adopción de Tlaloc, no solo como el dios de la lluvia, sino como uno de los dioses principales del panteón azteca representa la naturaleza sincrética de la religión azteca. La evidencia sugiere que las tribus agrícolas en Mesoamérica habían adorado a Tlaloc durante siglos. Al vivir en tierras más fértiles, la guerra era una prioridad menor para estas personas, lo que significaba que les parecía más prudente dedicar su espiritualidad a maximizar los rendimientos que les daba la Madre Tierra. Cuando los aztecas se mudaron al valle de México desde el norte, trajeron con ellos a sus dioses guerreros, pero poco a poco adoptaron a Tlaloc como un igual.

Un total de seis meses del calendario ritual eran dedicados a Tlaloc. Durante estos meses, la gente participaría en una amplia gama de ceremonias y rituales diseñados para honrar a Tlaloc y agradecerle por regalarles lluvia y agua para sustentar la vida. Algunos de estos rituales incluían bañarse en el lago, bailar y cantar con sonajeros mágicos de niebla (dispositivos que hacían un sonido fuerte y ruidoso) para obtener lluvia, y hacer, matar y comer ídolos hechos de pasta de amaranto.

Parte de la razón por la que se prestaba tanta atención a Tlaloc es porque era reverenciado y temido. Aunque era responsable de traer lluvias y de ayudar a que la tierra fuera abundante, también podía ser bastante vengativo. Las sequías, los rayos y los huracanes, entre otros desastres naturales, se atribuyeron a Tlaloc. También podría enviar diferentes tipos de lluvia según su estado de ánimo, y también se le acreditó por ciertas enfermedades, como la hidropesía y la lepra. Debido a que Tlaloc podía ser benevolente o estar de mal humor, los aztecas consideraron que era necesario dedicar tanto más tiempo como energía a su adoración, con la esperanza de que eso lo mantuviera feliz y le impediría desatar su ira contra el pueblo azteca.

El sumo sacerdote de Tlaloc se unió al sumo sacerdote de Huitzilopochtli para formar la cima del clero azteca. Además, el Teocalli (Gran Templo) en Tenochtitlán tenía espacios iguales dedicados a Huitzilopochtli y Tlaloc. Esta importancia compartida entre Huitzilopochtli y Tlaloc nos ayuda a comprender mejor cómo veían los aztecas el mundo. Ellos entendieron su existencia como algo precioso que estaba en constante peligro. Dependía de ellos servir a los dioses lo suficiente para asegurarse de que les darían el tiempo y el espacio para seguir viviendo en la Tierra.

Chalchihutlicue

Como esposa de Tlaloc, Chalchihutlicue es una de las diosas más importantes del panteón azteca. Su nombre se traduce del náhuatl como "aquella que lleva una falda de jade". Chalchihutlicue es la diosa de los ríos, lagos, arroyos y otros cuerpos de agua dulce, y fue la gobernante del sol anterior que existía antes de este. Fue durante su reinado que el maíz fue plantado y cultivado por primera vez; por lo tanto, ella está asociada con este importante cultivo.

Coatlicue

Otra diosa importante es Coatlicue (náhuatl: "Falda de serpiente"). Ella es la diosa de la Tierra, y es tanto la creadora como la destructora. Madre tanto de los dioses como de los mortales, ella ocupa una posición de prominencia que está por encima de la mayoría de las otras deidades. Ella está más cerca del Señor y la Señora de la Dualidad que la mayoría.

Este dualismo de creación y destrucción define la comprensión y representación azteca de Coatlicue. Se usan dos serpientes con colmillos para crear su rostro, y su falda está hecha de serpientes tejidas. Como era responsable de alimentar tanto a los dioses como a las personas, tenía grandes pechos flácidos. Ella lleva un collar que está hecho de manos, corazones y una calavera. Estos artículos se usaron porque se creía que Coatlicue se alimentaba de cadáveres: la Tierra se come todo lo que muere. Debido a su posición de poder y dominio en la religión azteca, Coatlicue aparece en muchas formas diferentes, tomando la forma de Cihuacóatl, la diosa del parto, y también Tlazoltéotl, la diosa de la impureza sexual y el comportamiento incorrecto.

Los dioses aztecas son diversos y numerosos. Pero jugaron un papel central en dar forma a la manera en que los aztecas vivían sus vidas. Gran parte de sus vidas cotidianas transcurrían tratando de apaciguar a los dioses, y uno de los componentes de la estrategia expansionista del imperio era adquirir cautivos para ser sacrificados. Podemos mirar hacia atrás y considerarlo crudo, pero este enfoque estaba en línea con su visión del mundo y su sistema de creencias.

El calendario

Una parte importante de la religión azteca era su calendario. Sí, tenían más de uno. Los calendarios ayudaban a organizar prácticas agrícolas y festivales, pero también eran importantes en la coordinación de ceremonias y rituales durante todo el año. El propósito de este calendario era asegurarse de que cada dios obtuviera la debida adoración.

Los dos calendarios son bastante diferentes. El *xiuhpohualli*, o año, es el calendario agrícola. Se basaba en el sol y las estaciones, ayudando a los aztecas a hacer un seguimiento del tiempo y tomar decisiones sobre cuándo plantar, regar, cosechar, etc. Este calendario había estado en uso en Mesoamérica de una forma u otra desde la época de la Maya.

Este calendario azteca es bastante diferente al que usamos hoy, aunque tiene algunas similitudes. Por ejemplo, los aztecas sabían que un año duraba 365 días; podrían resolver esto siguiendo el movimiento del sol en el cielo a lo largo de un año. Sin embargo, el calendario es diferente en que se divide en 18 meses, y cada mes tiene 20 días. Si hace los cálculos, se dará cuenta de que 18 multiplicado por 20 es solo 360. Los otros cinco días se dejaron para el final del año y no se les dio ningún nombre. Los aztecas consideraban estos días muy desafortunados. Pasarían el final de cada año en los templos haciendo sacrificios para evitar que algo malo sucediera durante estos días de mala suerte.

El *tonalpohualli*, o día, es el calendario ritual de los aztecas. Solo hay 260 días en este calendario, y cada día tiene un número y signo correspondientes. En total, hay 20 signos, y cada uno representa una deidad diferente. Estos incluyen:

- Cocodrilo
- Viento

- Casa
- Lagarto
- Serpiente / serpiente
- Muerte
- Ciervos
- Conejo
- Agua
- Perro
- Mono
- Hierba
- Caña
- Jaguar
- Águila
- Buitre
- Terremoto
- Piedra
- Lluvia
- Flor

El primer día del *tonalpohualli* es 1 cocodrilo. Los números aumentan, alineándose con su signo apropiado, hasta el 13. No está claro por qué se eligió este número. Pero después de 13, los números se reinician. Pero como hay veinte señales, el mes siguiente no comienza con 1 cocodrilo. Así que el primer mes termina en 13 Hierba y comienza en 1 Caña. El segundo mes continúa 13 días y finaliza el 13 de Muerte, y el tercer mes comienza con 1 Ciervo y termina con 13 Lluvia, con el cuarto mes comenzando con 1 Flor. Este ciclo continúa y, después de 260 días, vuelve a 1 cocodrilo y comienza un nuevo año ritual.

Los dos calendarios se ejecutan uno al lado del otro, y el calendario ritual se utiliza como una forma de seguir la pista de qué dios debe ser adorado en una parte particular del año. Los dos calendarios se alinean cada 52 años. Este momento marca el comienzo de un nuevo siglo azteca. Pero el día en que los dos calendarios coincidían era de gran angustia. Cincuenta y dos años se consideraban como un ciclo de vida de la Tierra, y al final de cada ciclo de vida, estaba dentro de los derechos de los dioses tomar todo lo que habían creado y destruirlo. Una vez más, podemos ver cómo la cosmovisión azteca estaba dominada por la creencia de que los dioses podrían destruir este mundo en prácticamente cualquier momento.

Otra forma en que los dos calendarios se unían era en el nombramiento de los años. Cada año en 365 días el *xiuhpohualli* recibía el nombre por el día en el que terminaba el *tonalpohualli*. Entonces, por ejemplo, el primer año en el calendario azteca se llama 1 Caña porque el primer calendario de 365 días terminó en 1 Caña en el *tonalpohualli*. Como cada año termina en un día diferente, cada año tiene su propio nombre. Un año podría ser 12 Cocodrilo, 4 Hierba, 5 Muerte, etc. Esto ayuda a organizar los años y a especificar cuándo ocurrieron los eventos, aunque la mezcla de los dos ciertamente hace que sea un desafío para los extranjeros entender cómo miden el tiempo los aztecas.

Se ha trabajado mucho para intentar recrear completamente el calendario azteca y vincularlo con otros sistemas de calendario mesoamericanos. Al hacer esto, los historiadores y los arqueólogos han podido verificar las fechas de algunos de los eventos más importantes en la historia azteca, específicamente las fechas de nacimiento y muerte de los gobernantes prominentes, las fechas de conquista y las campañas militares, y también las fechas de interacción con el español.

Capítulo 8 - Deportes

Si bien gran parte de la vida azteca estaba ocupada adorando a los dioses, trabajando la tierra y brindando tributo a la nobleza, no todo era trabajo. Había tiempo para la recreación, y un juego de pelota azteca era una de las actividades más populares.

Este juego en particular, que es similar en reglas y naturaleza al voleibol o al racquetball, se jugaba en toda Mesoamérica. Adquirió especial importancia en el Imperio azteca en gran parte porque se usó como escenario para el sacrificio humano, pero también porque estaba relacionado con el entrenamiento militar.

El juego se jugaba en una cancha de piedra y con una pelota de goma. Los jugadores pasan la pelota de un lado a otro utilizando prácticamente cualquier parte del cuerpo que puedan, excepto sus manos. Podrían usar sus antebrazos, piernas, caderas, o cabeza. Había muchas variaciones diferentes del juego, ya que cada ciudad o aldea tenía sus propias reglas de juego.

La importancia del juego también variaba enormemente en Mesoamérica. Se jugaba con frecuencia en entornos informales, con grupos de aldeanos reuniéndose y jugando por diversión. Sin embargo, a medida que avanzaban los aztecas, se construían grandes estadios donde el juego se jugaba frente a grandes multitudes de personas. Estos juegos formales eran altamente rituales, y algunas culturas incluso los ataban al sacrificio humano. Los ganadores, los perdedores o ambos serían sacrificados a los dioses después del juego. Es por esta razón que el juego de pelota azteca, que a menudo se conoce como ulama o pok-a-tok, aunque su nombre original aún se desconoce, ha sido calificado como un juego sangriento, brutal y violento.

Pero la verdad no es que todos los que jugaban el juego lo hacían con el propósito de sacrificarse. Dicho esto, sin embargo, se sabe que el juego causa lesiones graves e incluso la muerte. La bola grande y pesada puede infligir bastante daño en el cuerpo de una persona cuando golpea. Cuando los españoles llegaron a México, se asombraron con este juego, pero rápidamente lo etiquetaron como el trabajo del diablo cuando vieron a algunas personas usarlo como un medio para el sacrificio humano.

Patolli es otro deporte que fue popular entre los aztecas, aunque la gente lo había estado practicando en Mesoamérica durante siglos antes. Es un juego de mesa de azar y habilidad. La mesa tiene la forma de una cruz y los jugadores necesitan mover sus piedras sobre la mesa. Las apuestas eran comunes y en algunos lugares incluso integrales al juego. La gente apostaba piedras, gemas, comida y, a veces, incluso sus propias vidas. Patolli es uno de los juegos más antiguos del mundo y todavía se juega en muchas partes de América Central en la actualidad.

Conclusión

En solo unos pocos cientos de años, los aztecas pudieron avanzar de un grupo de cazadores y recolectores no deseados a una de las civilizaciones más grandes y avanzadas del mundo antiguo. Con el tiempo, una tradición militar dedicada se combinó con la hegemonía cultural y las instituciones políticas efectivas para formar un imperio en pleno funcionamiento y en expansión.

Sin embargo, la civilización azteca estaba lejos de ser perfecta. Su estado despótico requería una guerra constante, y el sistema extractivo de impuestos y tributos, así como una sociedad fuertemente estratificada, significaba que los aztecas tenían muchos enemigos cuando los españoles llegaron sedientos de sangre y oro en 1519. Solo unos pocos años después de que Cortés aterrizara en la costa del Golfo de México, el poderoso Imperio azteca caería y desaparecería en los libros de historia. Pero esto no sucedió antes de que los aztecas hicieran una contribución significativa al desarrollo histórico y cultural de Mesoamérica.

Todavía hay muchas personas vivas hoy en día que pueden rastrear su herencia a los aztecas y el gran imperio forma parte de la identidad mexicana moderna. No se sabe qué pudieron haber logrado los aztecas si no hubieran llegado los españoles o si hubieran tenido inmunidad contra las muchas enfermedades que los invasores llevaban consigo. Sin embargo, a pesar de una derrota repentina e inoportuna, los aztecas todavía se consideran una de las civilizaciones humanas más grandes que se hayan formado.

Bibliografía

Alcock et al. *The Aztec Empire and the Mesoamerican World System* in *Empires: Perspectives from Archaeology and History*, ed. Susan E. Alcock pp. 128–154. Cambridge University Press: New York.

Del Castillo, B. D. (1910). *The True History of the Conquest of New Spain* (Vol. 2)

Getty Research Institute (2010). *The Aztec Calendar Stone*. Los Angeles.

Murphy, J. (2015). *Gods and Goddesses of the Maya, Aztec and Inca.* Britannica Educational Publishing: New York.

Smith, M. E. (2013). *The Aztecs*. John Wiley & Sons.

Soustelle, J. (1968). *Daily Life of the Aztecs*. Courier Corporation.

Villela, Khristaan D., and Mary Ellen Miller (eds.)

Whittington, E. Michael, ed. (2001) T*he Sport of Life and Death: The Mesoamerican Ballgame*. Thames and Hudson: New York.

www.ingramcontent.com/pod-product-compliance
Lightning Source LLC
LaVergne TN
LVHW090037080526
838202LV00046B/3859